sulle orme
della storia

I0102505

Giulio Sapelli

IL POTERE IN ITALIA

con scritti di

Niccolò Machiavelli, Georg Friedrich Hegel,
Friedrich Engels, Antonio Gramsci, Gaetano Mosca

goware

L'ebook è molto di +
Seguici su facebook, twitter, ebook extra

© goWare
settembre 2014, prima edizione

ISBN 978-88-6797-233-3

Redazione: Giacomo Fontani
Copertina: Lorenzo Puliti
Impaginazione: Elisa Baglioni

goWare è una startup fiorentina specializzata in digital publishing
Fateci avere i vostri commenti a: info@goware-apps.it
Blogger e giornalisti possono richiedere una copia saggio
a Maria Ranieri: mari@goware-apps.com

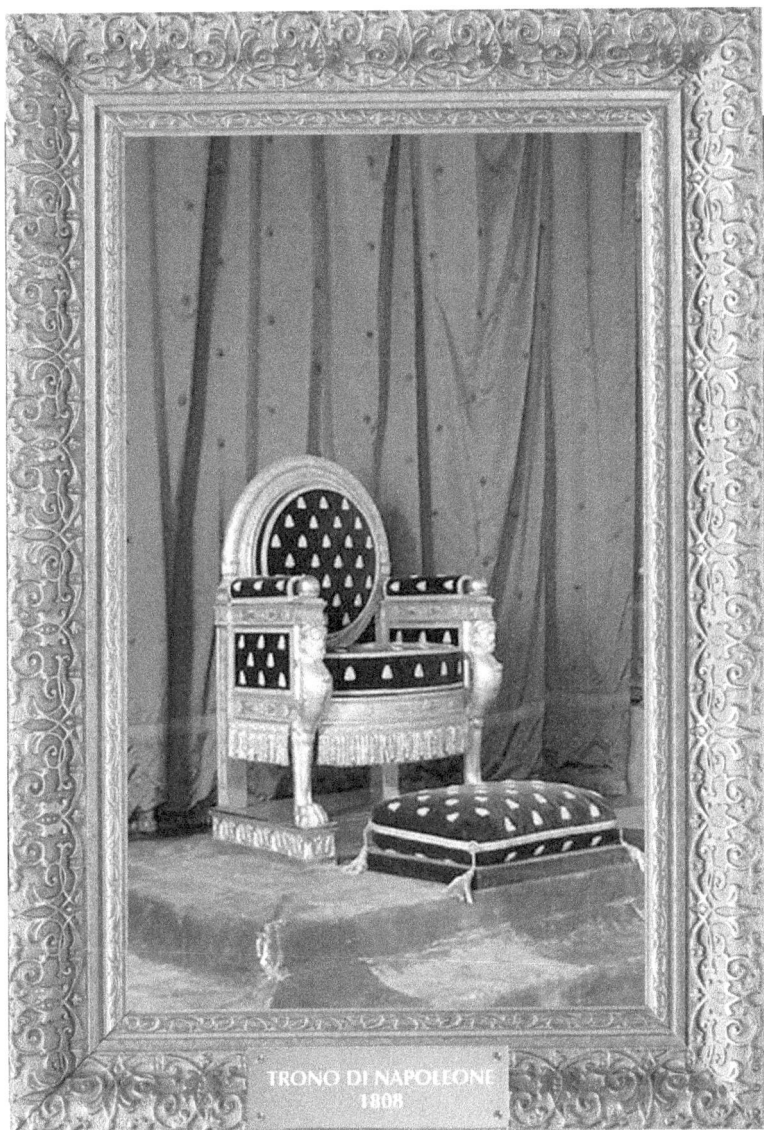

TRONO DI NAPOLEONE
1808

Il potere in Italia

di Giulio Sapelli

Lectio magistralis al Festival dell'economia di Trento (Rovereto, 31 maggio 2014) su invito della Federazione trentina delle cooperative

- ✔ Il processo di istituzionalizzazione
- ✔ Legittimità e istituzionalizzazione nell'Italia dell'unificazione
- ✔ Potere, autorità e capitalismo
- ✔ Il potere dell'Europa
- ✔ La poliarchia repubblicana
- ✔ Potere, autorità e crisi economica

■ Il processo di istituzionalizzazione

Tutti gli insediamenti umani che raggiungano una sufficiente differenziazione sociale tale da porre in essere relazioni connaturate a un sistema di ruoli, e quindi impersonali rispetto alla funzione (e che chiameremo quindi "istituzioni"), conservano ancora, permanentemente, relazioni segmentate che sono connaturate a rapporti personali e omofiliaci.

Tra di essi spiccano in primis quelli della società naturale sempre in evoluzione che designiamo come "famiglia", nucleare o allargata che sia.

Generalmente, più è lungo il periodo in cui si formano tali relazioni istituzionali o di ruolo, più solide e forti sono le attribuzioni legal-razionali che si accumulano sia nel percorso istituzionale sia nel tessuto sociale dell'insediamento territoriale. Quando tale insediamento territoriale s'incontra con un popolo dotato di una comunità di destino, ossia una nazione, tale incontro dà vita allo Stato, forte, quello Stato, di ciò che chiamiamo "legittimazione".

La forza dello Stato risiede in tale legittimazione in una misura assai più rilevante di quanto non accada con il monopolio della forza, come invece comunemente si crede. Monopolio, com'è noto, che con il monopolio dell'imposizione fiscale e della creazione di moneta costituisce l'insieme dei pilastri delle istituzionalizzazioni statuali così come sino a oggi le abbiamo conosciute sulla faccia del mondo abitato. In questo senso non stupisce che possano esistere più Stati nel mondo che incorporano in sé più nazioni, incorporazione che dura sino a quando la comunità di destino statualizzata, tipica forma relazionale e personale di gruppo che ha trovato una sua istituzionalizzazione, non confligge con il sistema unificato dei ruoli istituzionali e con tutto ciò che ne deriva: tassazione, difesa dell'ordine, simboli dell'identità come la lingua, come la stessa moneta.

Di norma, quando ciò avviene, ossia quando il simbolo della nazione confligge con l'istituzionalizzazione dello Stato, fenomeno assai possibile e frequente negli Stati plurinazionali, questi ultimi si frantumano, mentre le nazioni come simbolo identitario aumentano il loro ruolo nell'istituzionalizzazione di un nuovo Stato. È un processo che pare sia in corso in molte parti del mondo in questi ultimi decenni.

Istituzionalizzazione e autorità

Ogni sistema sociale che abbia raggiunto un grado d'istituzionalizzazione tale da consentire a esso di operare in continuità è, quindi, un mix costante di relazioni personali e di relazioni impersonali, che varia, appunto, a seconda dei percorsi storico-concreti che hanno dato vita all'istituzionalizzazione degli insediamenti umani. Il grado di istituzionalizzazione e i diversi processi di *nation building* dipendono, appunto, dal peso relativo del rapporto esistente tra relazioni impersonali e relazioni personali, tra identità antropologiche e relazioni legal-razionali.

Questo implica anche gradi differenti di convivenza tra relazioni di potere e relazioni di autorità, convivenza che connota strutturalmente e consustanzialmente il carattere del sistema di potere nelle comunità umane statualizzate.

Se il potere è far si che B esegua il comando di A anche se non ne ha la volontà, l' autorità – invece – che è comunemente declinata terminologicamente come "autorevolezza", si pone in atto quando B esegue l'ordine o il desiderio di A non perché è sottoposto alla minaccia dell'uso della forza o per la coercizione pura e semplice, ma perché in A ha fiducia e perché A esercita un carisma su B.

■ Legittimità e istituzionalizzazione nell'Italia dell'unificazione

L'Italia è uno Stato a recentissima unificazione e, infatti, celebra, come tutte le nazioni a unificazione recente, la data della sua nascita, che nelle monarchie assolute secolari è persa, invece, nella notte dei tempi, mitologicamente...

È anche per questo motivo che l' Italia è una nazione a basso grado di identificazione simbolica diffusa. Ciò deriva dalla recentissima sua costruzione statualizzata che ha incorporato in sé non soltanto Stati preunitari diversi, ma lingue e linguaggi diversi, così come poteri aristocratici e meccanismi di coesione sociali, tutti pur tipici dell'antico regime, tuttavia profondamente diversi quando non confliggenti. La letteratura, da Giuseppe Tomasi di Lampedusa a Ippolito Nievo, ne ha lasciato tracce di altissimo valore estetico e scientifico insieme.

9

Ecco le diversità. Dopo il Congresso di Vienna, pochi anni dopo, il piccolo Piemonte con il suo statuto – come ci ricordava Carlo Antoni – era l'unico Stato europeo costituzionale (e non a caso rivoluzionari, mazziniani e non, lì si rifugiavano), mentre il Regno delle Due Sicilie era l'essenza del dominio assolutistico e plebeo insieme, come la tragica fine della rivoluzione napoletana aveva ben rappresentato in azione.

Vincenzo Cuoco, poi ripreso da Antonio Gramsci, non a caso da quella tragedia coltivò in sé la convinzione d'essere l'Italia – che allora in pochi agognavano – essere l'Italia la terra tipica delle rivoluzioni passive, ossia la terra dove "le mort saisit le vif", come ricordava il vecchio Karl Marx riflettendo sulla mala sorte della rivoluzione democratica europea di metà Ottocento.

Ricordiamo la definizione di Cuoco di quella vicenda, paradigmatica per comprendere il problema nostro, il problema su cui oggi ragioniamo. Leggiamo nel *Saggio storico sulla rivoluzione napoletana del 1799*:

> Se mai la repubblica si fosse fondata da noi medesimi; se la costituzione, diretta dalle idee eterne della giustizia, si fosse fondata sui bisogni e sugli usi del popolo; se un'autorità, che il popolo credeva legittima e nazionale, invece di parlargli un astruso linguaggio che esso non intendeva, gli avesse procurato de' beni reali, e liberato lo avesse da que' mali che soffriva; forse... noi non piangeremmo ora sui miseri avanzi di una patria desolata e degna di una sorte migliore.

Nascita di uno Stato non legittimato

Ecco una delle chiavi interpretative per comprendere il volto del potere e dell'autorità in Italia.

Storicamente la tardiva unificazione non ebbe legittimazione popolare e quindi non produsse quei fondamentali beni comuni che sono l'autorità e la fiducia. Ché l'autorità senza fiducia né si pone e né si può immaginare. Prevalsero il potere e la forza o la minaccia dell'uso della forza. Ma contestualmente, proprio per la tardiva unificazione e per l'assenza di un popolo che si viveva e si vive come comunità di destino, così come era anche, quell'assenza, per le classi che lo dominavano (che non a caso Gramsci definì sovversive per vocazione) e lo dominano – se pur con volti diversi e sfigurati – ancor oggi, per tutto ciò il rapporto con lo Stato e con la ricchezza, ossia con il potere situazionale di fatto, non seguì e non segue una via legal-razionale, quanto piuttosto diadico-clientelare, come è tipico in Stati a debolissima istituzionalizzazione e quindi a debolissima legittimazione. È su ciò che fondai molta parte dei miei studi sugli Stati dell'Europa del Sud più di vent'anni or sono.

Ciò che scrisse lontano dalla sua città, fuori d'Italia, ciò che scrisse sulla rivoluzione napoletana uno dei più grandi intellettuali di lingua italiana, potrebbe scriversi per il percorso storico tutto della nazione.

E qui veniamo all'essenza storico-generale della scarsa legittimazione in presenza di una rivoluzione passiva. Lo Stato come comunità di destino fu sostituito dallo Stato creato come frutto di una manovra diplomatica di lunga lena e di grande respiro, diretta a impedire che il blocco tra Luigi Napoleone e lo Stato Pontificio non solo non consentisse un'unificazione degli Stati preunitari sotto la sciaboletta di latta dei Savoia (come Engels la definì nella fondamentale opera *Po und Reno...* ma era pur sempre una spada...) anziché sotto l'usbergo della sciabola d'acciaio della Prussia, come era accaduto nello stesso lasso di anni per la Germania. Oltre a ciò si doveva consentire al Regno Unito di porre le basi per la sua egemonia sul Mediterraneo contrastando il dominio francese. Il lavorio diplomatico di uno dei più grandi uomini di Stato dell'Ottocento europeo, ossia il conte Camillo Benso di Cavour, a questo in definitiva solo mirava: rafforzare la monarchia sabauda attraverso un grande gioco diplomatico che sin dai primordi dello Stato nostro pose le basi per quel nesso tra nazione e internazionalizzazione che è una delle caratteristiche più salienti dell'Italia e del suo sistema di potere.

Crisi economica, crisi politica e crisi di autorità

Oggi, come è noto, nel crollo, come vedremo, di tutti i poteri situazionali di fatto rilevanti e delle fonti di autorità autoctone (se si fa eccezione per la Chiesa cattolica, fatto rilevantissimo perché la questione italiana è in definitiva la questione cattolica per quanto concerne l'insediamento territoriale umano), in questo crollo, il rapporto tra nazione e internazionalizzazione si è trasformato in un rapporto di controllo diretto e non mediato da parte della potenza egemonica mondiale di oggi, ossia degli USA sull'Italia. Di qui le crisi continue che tale rapporto ha inverato quando con l'unificazione europea dal volto deflazionistico, il dominio teutonico (non più schermato dalla crescita come fu un tempo) ha mirato a sostituire l'antico (da dopo la Seconda guerra mondiale, in verità) rapporto di dominazione diretta con il suo – teutonico – potere di costrizione economica.

La caduta dell'impero sovietico fece sì che questa sostituzione si presentasse in effetti come un percorso non solo indolore, ma addirittura auspicabile. La crisi ucraina, da un lato, e delle illusorie cosiddette primavere arabe, dall'altro, hanno mutato molte delle vulgate semplicistiche a questo proposito diffuse. Di qui le crisi ricorrenti e la sostanziale emasculazione del potere poliarchico fondato sulla rappresentanza territoriale, così come è avvenuto in questi ultimi anni e con la sua sostituzione con l'accentramento non costituzionale dei poteri di condizionamento diretti nelle stesse mani del presidente della Repubblica, in una forma sino a questi ultimi anni davvero inusitata.

Ma ritornando indietro alle nostre origini diplomaticamente travagliate e simbolicamente passive, solo il Regno Unito non poteva che allora trarre vantaggio da quel travaglio, con il trionfo dell'ideale massonico di rito scozzese accettato che generò in tal modo, in modo artificiale e militare, lo Stato italiano. Ma pur lo generò. Questa stigmate genetica sovradetermina il potere italiano ancora oggi. Recentissimi avvenimenti simbolici lo dimostrano senza tema di smentita.

■ Potere, autorità e capitalismo

Lo Stato non ha legittimazione simbolica sua propria e il popolo nelle sue ribellioni storiche e nelle sue lunghe accettazioni pragmatiche (come durante il fascismo) segna continue cadute dell'autorevolezza che riconosce allo Stato medesimo nelle diverse tappe della nostra storia nazionale. La lunga dittatura fasciata e il debolissimo consolidamento democratico che ne seguì si disvelano proprio in questi anni sotto i nostri occhi per via della rigidità europea monetaria, che non ha di per sé nessun elemento legittimante politico e istituzionale. Fatto, questo, che in una terra come l'Italia ha effetti devastanti per esacerbare il basso gradiente di autorità e di legittimazione dello Stato. Alla bassa legittimazione nazionale si assomma una bassa legittimazione europea.

Ma il potere è disporre della forza data all'uomo, solo o organizzato, dal denaro e dalla sua circolazione. Identitario come ci insegnava Simmel, il denaro fonda la differenziazione sociale come ci insegna altresì Durkheim, ma nel mentre il denaro – con i costrutti delle popolazioni organizzative attive sui mercati imperfetti – fonda i poteri situazionali di fatto, come li chiamai un tempo. Poteri che fondano, nella loro intersecazione con la rappresentanza territoriale e la circolazione delle classi politiche, le poliarchie moderne, dai più impropriamente definite "democrazie", ché democrazie invece non sono perché continuamente il potere situazionale di fatto influenza la rappresentanza territoriale e ne definisce i poteri, se essa – quella rappresentanza – riesce a conservarli attraverso l'usbergo assai debole – ma pur sempre dirimente attraverso il principio ruffiniano della maggioranza – dei parlamenti.

Fine del monopolismo di Stato

In Italia da sempre, o meglio, sino alla fine degli anni Novanta del Novecento, quando la grande impresa pubblica e privata iniziò il suo declino, il potere capitalistico situazionale di fatto è concresciuto nella fratellanza siamese non solo con le banche, ma con il capitalismo monopolistico di Stato, dando vita a un costrutto economico che ho definito "capitalismo senza mercato". Allorché, per impulsi esterni ancora una volta provenienti da potenze anglosassoni, al capitalismo senza mercato, con le privatizzazioni à la Eltsin o à la Menem o à la Prodi (c'è l'imbarazzo della scelta nella definizione idealtipica), si è sostituito un capitalismo clientelare diadico da rapina o da incompetenza ("il grande bottino", come l'ha definito un acutissimo testimone) che via via è tuttavia decaduto.

Oggi assistiamo allo sconquasso che la crisi economica da eccesso di capacità produttiva e da alta finanza a rischi elevatissimi, che fa prendere tempo alla crisi industriale, produce nella stratificazione sociale e quindi nei rapporti tra le classi e nei modelli di riferimento, negli stessi criteri di giustizia e di ingiustizia. S'invade di debito il mondo e da un altro lato lo si deflaziona in una stagnazione secolare. Essa è iniziata in Europa grazie al dominio teutonico nordico su tutti gli altri Stati continentali, sotto il tallone di una politica economica ostinatamente anti-keynesiana (unica al mondo, ormai) e fondata sull'oscurità della governance e la concentrazione di potere in tecnocrazie senza legittimazione né tecnica né popolare. Questo è il volto di un potere che non è più nazionale e neppure globale ma, come ricordava quell'alto maestro ch'era Alberto Predieri, è osmotico e pervasivo e stratificato con dei *droits acquis* che concentrano il potere senza autorità in una forma sino a oggi in Europa inusitata. Governa l'omofilia e l'asservimento dello Stato nazionale, o meglio ciò che ne rimane, ai voleri dei detentori dei poteri di fatto tecnocratici della globalizzazione, dominati tanto dagli oligopoli finanziari delle banche universali unificate dall'alto rischio, quanto da tecnocrazie imbelli e ideologicamente disarmate dinanzi alle trasformazioni capitalistiche mondiali...

Ma questo capitalismo è crollato e crolla ogni giorno dinanzi a noi. Con esso crolla il potere che lo ha incarnato: bancario e industriale e parabancario e parastatuale, con invenzioni diaboliche che non sono state in grado, tuttavia, di consentirne la riproducibilità, e mi riferisco italicamente alle famigerate fondazioni bancarie, inefficienti trasformatrici della carità e della benevolenza in asservimento clientelare e in crudeltà statualistica antisussidiaria, e globalmente all'assenza di una banca mondiale realmente in grado di agire come prestatore di ultima istanza.

Di contro, un capitalismo affatto diverso da quello delle *corporation* famigliari o manageriali non solo si è salvato, ma si è vieppiù sviluppato perché fondato sulla straordinaria creatività generativa della società naturale famigliare e della capacità creativa dei lavoratori di tutto il mondo, e gli italiani sono tra i primi di essi. Capitalismo dalle forti radici altresì agrarie, che da un lato si è salvato e dall'altro è scaturito dal formidabile aumento del reddito delle famiglie avvenuto nel secondo dopoguerra non solo in Italia. Ecco un altro protagonista.

Un nuovo potere?

Ma esiste, sull'onda di questa nascita dirompente e pervasiva, un nuovo potere? Un "altro" potere? Non siamo più dinanzi all'antica relazione poliarchica: non vi è più, promanasse dal monopolio di Stato industriale o bancario che fosse, o da quello oligopolistico privato, industriale che fosse, quel potere situazionale di fatto delle grandi imprese generatrici di obbligazione e di civilizzazione industriale. È oggi in campo una presenza diffusa e alveolare, non egemonica e neppure compulsiva o costrittiva: spesso è autistica e subalterna a poteri ormai distrutti strutturalmente, ma ancora escludenti culturalmente e che si immagina, per le menzogne o per l'ignoranza della stampa e dei mass media, che ancora esistano. Questa presenza non può trasformarsi in potere per il basso gradiente di forza o di minaccia dell'uso della forza e della sottrazione della pace sociale ch'era possibile, invece, porre in atto da parte dei consolidati poteri di fatto ormai distrutti da privatizzatori omofiliaci e da tecnici incompetenti subalterni agli oligopoli mondiali dominanti: ecco la sostanza politica, in senso poliarchico classico, del capitalismo peristaltico e personale fondato sulle società naturali famigliari.

Si è sviluppato in modo impetuoso, certo; ma cresce pur sempre nella sua incapacità di trasformare il numero delle popolazioni nei mercati imperfetti in potere situazionale di fatto e in condizionamento quasi perfetto della circolazione delle classi politiche nazionali, come era un tempo possibile per i consolidati e scomparsi poteri situazionali di fatto.

Questa compresenza siamese tra classi politiche e loro circolazione e poteri poliarchici di fatto operò sino agli inizi degli anni Novanta del Novecento, quando il crollo dell'URSS tutto muta. Un crollo che illude il capitalismo anglosassone alla ricerca di un domino diretto sull'economia europea per via di privatizzazioni dispiegate ad alta redditività finanziaria e a bassissima evidenza strategica industriale. L'illusione consisteva nella ideologia della fine della storia delle crisi capitalistiche e nell'inveramento della crescita illimitata nell'omologazione politico-culturale. La morte e la tortura, gli omicidi di massa dei cristiani e dei fratelli islamici non considerati tali, ma radicali eretici pericolosi, hanno smentito tutte queste illusioni. Ma era illusoria anche la credenza dei poteri di fatto, in primis bancari, di resistere all'urto, mentre ne furono e ancor più ne saranno travolti.

La rivoluzione passiva non si inverò e sia i poteri situazionali di fatto del monopolismo di Stato sia del monopolismo privato e delle classi politiche, che in un inviluppo strettissimo a tali monopolismi si abbarbicavano, furono distrutti. Di qui il crollo della linea di continuità che è esistita tra ricchezza e potere e cultura e il cui inveramento è il dato più inquietante di questi tempi.

Perché? Perché il potere moderno non è guicciardiniano, ossia l'impedire agli altri di vincere come è tipico del capitalismo alveolare e molecolare; il potere o è machiavellico o non è, ossia ha sempre bisogno, per mantenersi tale e non sbriciolarsi da sé medesimo in una sorta di autodafé, di mirare e raggiungere grandi risultati universalistici e non personalistici in un disegno imperiale, anche se si esercita nello Stato nazione.

■ Il potere dell'Europa

Se pensiamo che già Hegel, nei suoi immortali scritti sulla costituzione della Germania, si chiedeva dove fosse finito per gli italiani Machiavelli (se n'era perso persino il ricordo, diceva), possiamo ben comprendere il baratro in cui oggi siamo caduti

Il potere situazionale strategico non esiste più. Esiste solo il potere fondato sull'uso diretto e indiretto, visibile e invisibile, del denaro come sostituzione della legittimazione e ben si comprende allora come l'italica decadenza sia in tal modo certa.

La vittoria, in Italia, di Guicciardini su Machiavelli è evidente. Guicciardini identificava l'ethos italico come vittoria del particolare, degli interessi immediati e familistici su qualsivoglia altro orizzonte di vita. Machiavelli, invece, con la sua riflessione sul potere, identificava il futuro e il destino dell'Italia solo nel superamento del particolare e nella realizzazione del destino cosmopolita della nazione: l'impero era l'orizzonte in cui l'Italia doveva essere inserita per superare le sue divisioni e le sue debolezze.

La vulgata europeista

Per alcuni anni, e paradossalmente proprio quando allo Stato italiano, nel processo di unificazione monetaria europea, veniva sottratto il monopolio del battere moneta, proprio in quegli anni si è diffusa in Italia una vulgata che era la caricatura dell'orizzonte eroico machiavelliano. La vulgata era quella dello choc esogeno o esterno, ossia era la leggenda per cui l'Italia e gli italiani non potevano superare le loro ontologiche debolezze e inferiorità nella scala delle civilizzazioni mondiali se non fosse intervenuto un agente esterno: appunto l'Europa. Era ed è una vulgata devastante. Giustificava, giustifica, di fatto, l'inerzia, l'inazione, legittimava e legittima la caricatura dell'Italia e degli italiani come la terra e come gli attori di una commedia dell'arte che si suona e si canta con la pizza e il mandolino... La conseguenza più devastante di questa vulgata fu ed è la nostra incapacità politica di concepire la presenza in Europa se non come succedanea e dipendente dalle nostre vicende interne italiane. E anche i cantori, i tenori della canzone della subalternità ontologica che si supera solo con l'agente esterno, si sono distinti in tutti questi anni declassando a livelli infimi il nostro impegno europeo.

In tal modo l'Europa non riesce a divenire un progetto politico positivo. La crisi economica iniziata al finire degli anni Novanta del Novecento ha esacerbato il problema: l'Europa è diventato un progetto politico solo in negativo, ossia ha reso manifesto come quel male oscuro che la teoria della dipendenza dall'esterno, della salvezza dall'esterno, mirava a esorcizzare, si sia invece trasformato in una sorta di trionfo del particolare guicciardiniano su scala continentale. Si evoca l'Europa solo per lanciare anatemi. E chi scaglia anatemi non si pone mai sul piano dell'etica della responsabilità e quindi della necessità e del dovere – per una classe politica – di indicare le vie della trasformazione anziché della distruzione. E lo afferma chi, come il sottoscritto, ha sempre criticato le politiche deflattive europee, la politica della BCE, la politica asimmetrica teutonico-nordica dello squilibrio non virtuoso dei surplus commerciali.

Il problema, tuttavia, non è quello del giudizio che possiamo dare sull'infelice ed errata costruzione di un'Europa che non può, di per se stessa, per come è stata costruita, né affrontare né creare la crescita. Seguono urgenti e drastiche riforme. Non si può lasciar spazio né alle teorie dell'intervento esterno necessario per trasformare degli italiani imbelli e selvaggi, né alla teoria dell'Europa di per sé ontologicamente votata alla distruzione dell'economia e delle società nazionali che fanno l'Europa stessa. Si può uscire da questa situazione incresciosa solo proponendo modelli europei di cambiamento e chiamando il popolo italiano a pronunciarsi su di essi.

Il cambiamento delle classi dirigenti dell'Europa non può essere raggiunto senza una cultura che faccia della visione imperiale di una nuova Europa il punto di forza di una nuova cultura politica. Ma la politica si fonda sulla circolazione delle classi politiche. Abbiamo richiamato per sommi capi, con rapidi accenni, come si pose il problema in Italia sin dalla formazione del suo Stato unitario. La debolezza dello Stato fu surrogata dal forte potere allocatorio di risorse simboliche ed economiche da parte dei partiti. Furono e ancora sono i partiti a mantenere il controllo dei rapporti tra centro e periferia. E questo produsse e produce una cultura sovversiva così diffusa anche tra le classi dominanti che allorché vi furono protagonisti politici che tentarono di inverare un rapporto tra centro e periferia come rapporto garantito da un apparato legal-razionale (il Giovanni Giolitti dei prefetti, ad esempio) furono indicati dai rappresentanti di quella cultura stigmatizzata dal Cuoco e dal Salvemini in pagine memorabili come "ministri della malavita".

■ La poliarchia repubblicana

Il radicamento dei partiti di massa avvenne dopo la lotta di liberazione nazionale, unico momento della storia d'Italia in cui vinsero le classi dirigenti sulle classi dominanti e Macchiavelli l'ebbe vinta sul Guicciardini. Ma dopo quelle eroiche lotte nessuno dei protagonisti di quelle nuove classi politiche fu in grado di passare il testimone alle nuove classi politiche cooptate nell'agone elettorale – dove l'eletto sceglie sempre l'elettore – nella poliarchia repubblicana.

Quando venne il tempo della violenza terroristica e del condizionamento stragista per via internazionale della nazione italiana, nella guerra civile europea, quando USA e URSS si combattevamo in Italia con opposti eserciti e il conflitto arabo-israeliano fece le sue vittime sul nostro territorio e decretò la fine di molti nostri uomini politici di prima grandezza, quando tutto ciò accadde, il vero volto della disgregazione e della devertebrazione in corso oggi del potere e dell'autorità in Italia – e quindi dell'Italia tutta – già s'intravedeva nitidamente. Le antiche classi politiche dei partiti *rank and file* costruitisi di fatto durante la Resistenza e l'opposizione aperta o nicodemitica a essa, e poi in grado di accedere autonomamente a risorse di mantenimento della circolazione elitistica grazie all'industria di Stato e a quella privata e ai finanziamenti delle potenze straniere che si confrontavano in Italia sull'antemurale della Guerra fredda, quei partiti, furono distrutti. Certo la corruzione da fisiologica divenne patologica. Ma soprattutto da invisibile divenne visibile.

Tutti conoscevano i modelli di circolazione delle classi politiche e mai lo si mise in discussione dalla fondazione stessa non solo dello Stato repubblicano, ma anche di quello monarchico. Era un ordinamento giuridico di fatto. Confliggeva con l'ordinamento legal-razionale, come è tipico di ogni poliarchia, in forme più o meno accentuate o controllate o consentite. Non ci si pose, in Italia, il problema di affrontare il tema come si fece in altre nazioni, non a caso investite dalla stessa ondata di visibilità nello stesso lasso di tempo; in quelle nazioni si operò una sorta di ulteriore rafforzamento dei partiti e un loro consolidamento a riprova della istituzionalizzazione dei medesimi e della loro autonomia più spiccata dalla società civile. Essa li rendeva meno deboli e più autorevoli, con più forti gradi di obbligazione.

Ascesa di un nuovo potere poliarchico

In Italia successe tutto l'opposto, a conferma di quanto abbiamo sin qui detto. La stampa controllata da coloro che pensavano di rimanere immuni dall'ondata della globalizzazione dispiegata liberista creò i colpevoli, ieri come oggi. Del resto – ecco il punto che rese visibile l'invisibile (ancora ieri come oggi) – il controllo dei partiti sullo Stato impediva ognuna di quelle privatizzazioni invocate dalla nascente egemonia finanziaria globalizzata negli anni Novanta del Novecento.

Tutto avvenne tuttavia non per via politica, ma extrapolitica, così come sta accadendo ad esempio oggi in Thailandia (uno straordinario caso di comparazione scientifica di sommo interesse). Tutto avvenne per via della crescita inusitata e inaspettata del potere compulsivo e distruttivo dell'ordinamento giudiziario, che in tal modo si trasformava in potere distruggendo anche le basi stesse dello Stato di diritto in Italia. Un moto che travolse prima la divisione dei poteri e distrusse poi di fatto i partiti di massa che si opponevano con la loro presenza all'ondata della globalizzazione privatizzante. Da quella trasformazione profonda sorse un aggregato umano e tecnico simile a quello che si produsse in economia: il potere si autodistrusse e quello nuovo che poteva nascere non nacque per il suo troppo debole fondamento autoctono.

Sorse una nuova poliarchia. Una poliarchia divisiva e divisa. La divisione passa tra coloro che si autocandidarono, in accordo con la magistratura come corpo sociale, a gestire il rapporto tra la nazione e i suoi condizionamenti esteri o esterni. In primis quelli tecnocratici europei, protesi alle privatizzazioni e alla distruzione delle nazioni incapaci di reggere sia il surplus commerciale tedesco, sia i differenziali di produttività in presenza di una rigidità monetaria che sottraeva alla Stato italiano una fonte primaria di legittimazione e di manovra economica.

Un corpo di mediatori diviso, però, profondamente e ostinatamente diviso, in costante conflitto tra filo-tedeschi, filo-francesi e filo-USA, con poteri invisibili e di intelligence e di storiche massonerie, come sempre accade in Italia, a far da mediazione oppure da abbattitori di alleati infedeli, incerti, incapaci, che possono passare dall'odio all'amore in un attimo fuggente e improvviso, il che sfugge all'attenzione dei più, come è tipico di un potere che si fa non solo sempre più disgregato, ma altresì sempre più invisibile o nascosto, ascoso... Quando si raggiunse il disegno ch'io descrissi nel mio *L'inverno di Monti*, ossia il disegno di realizzare una sorta di "dittatura romana" (un concetto che avevo già usato studiando la Turchia in forma comparata nel mio lavoro sull'Europa del Sud), ossia una delegittimazione parlamentare per sostituirla con un'obbligazione nei confronti del presidente della Repubblica, il disastro istituzionale fu completo ed è quello che viviamo in questi giorni.

Ma esistevano ed esistono classi politiche che circolano ricercando un radicamento nazionale, di tipo nuovo, certo, ma che di fatto non si rassegnano al ruolo di mediatori *border ine*. Sono i cosiddetti partiti conservatori di destra ed essi sono di fatto una spina nel fianco all'omologazione neoliberista europea e globalizzante, come ha dimostrato l'ostilità nei loro confronti da parte del capitalismo teutonico che ha eliminato i capi di tali classi politiche. Tali capi sono contrari sia alla globalizzazione di matrice anglosassone sia al capitalismo deflazionistico teutonico, e nella lotta tra queste due forme di capitalismo, quello anglosassone può usarne i capi e gli esponenti più illustri per combattere lo strapotere teutonico.

■ Potere, autorità e crisi economica

La pubblicazione recentissima di un libro di memorie di Timothy Geithner, importantissimo testimone dei dilemmi che si posero tanto al mondo quanto all'Italia negli ultimi anni che qui richiamiamo di una lunghissima storia, è una prova evidente delle tesi in questa *lectio* sostenute. Tutti si sono stupiti della pubblicazione della famosa frase, o meglio, del piccolo brano del libro in cui si racconta ciò che esattamente accadde qualche mese prima delle dimissioni del governo Berlusconi. La verità è venuta a galla: non si doveva salvare l'Italia, che era un ammalato con febbre bassa, ma le banche francesi e tedesche ch'erano un ammalato con febbre altissima per gli impegni che avevano verso una Grecia pericolante.

Ho detto più volte che il vero nemico per l'oligopolio finanziario internazionale e per i suoi diretti rappresentanti politici, ossia le cuspidi del potere tedesco e francese ben spalleggiate dalla deflazione tedesca à la Bundesbank, non era Berlusconi, ma Tremonti, il quale continuava una lotta solitaria e nicodemistica ma non meno pericolosa contro lo strapotere deflazionistico tedesco. Tutte verità che si leggono bene nei documenti in appendice al suo libro *Uscita di sicurezza*. Ci si chiede a chi giovano le dichiarazioni di Geithner. Ma è ben chiaro. È chiaro non se si pensa alla politica di casa nostra non interrelata con i drammi internazionali, ma ad esempio con la tragedia libica dove tenta di ricostituirsi una vertebrazione militare contro lo strapotere fanatico e assassino mussulmano. È chiaro se si pensa alla Nigeria, dove nuove forze fondamentaliste muovono direttamente al genocidio compiendo atti simbolici di sfida all'Occidente, se si guarda all'Algeria immota e sicura, ma seduta su un vulcano, se si guarda alla Crimea che rischia di far degenerare un mancato accordo diplomatico dopo il crollo dell'URSS in una crisi profondissima che travolgerebbe tutta l'Europa. Ma l'Europa disvela l'assenza di una qualsivoglia volontà strategica in grado di far fronte ai pericoli che promanano da queste crisi.

E pensare che l'Italia rischia il declino definitivo per il blocco del canale di Suez, per scongiurare il quale non disponiamo del potenziale navale appena sufficiente. E se le navi non riprendono a passare da Suez, addio Italia.

Gli USA debbono concludere un disegno imperiale che ha uno dei due corni, quello atlantico, nell'accordo appunto tra USA ed Europa che fa da contraltare a quello ben difficile che debbono concludere nel Pacifico per contenere la Cina sempre più aggressiva Per questo si pubblicano libri come quello di Geithner. Per dare un colpo duro e deciso alla politica italiana affinché prenda contezza dei pericoli che fa correre – con la sua insipienza e il suo indecisionismo e la mancata legittimazione democratica dei governi che si susseguono – a tutto l'Occidente, USA in primis. Gli USA non reggerebbero una crisi mediterranea con ondate di immigrati e di rifugiati politici che si riversano di già in Italia e di lì in Europa.

Gli USA conducono una battaglia per interposta persona contro la deflazionistica Merkel anche intervenendo direttamente nei fatti politici italiani. E ritengono che la partita sia così importante che si possono anche favorire forze ribellistiche per rimettere in moto tutto il sistema di poteri italici e poi europei. È un gioco, certo, pieno di rischi. Ma forse meno di quanto non si creda. La mia età mi fa ricordare i tempi quando si dormiva fuori casa ogni notte in un letto diverso per le minacce delle Brigate Rosse e per i morti che si succedevano nella mia Torino, con infami maestri oggi agli onori delle cronache e dei poteri che rimangono in vita, pur stentatamente. Oggi in definitiva si dice, invece, bonapartisticamente ai propri seguaci di farsi eleggere nelle istituzioni democratiche e dietro il barbaro linguaggio non s'intravedono né pistole, né assassinii a sangue freddo, ma spesso molta buona volontà e molto impegno civile che attende di migliorarsi e di migliorare il mondo.

Ancora una volta gli USA danno un aiuto a un paese che stenta a essere nazione come l'Italia, che ha perso completamente il suo spirito, che ha perso la sua anima...

Naturalmente la distruzione dei partiti storici e l'inveramento della mass medializzazione à la social network di crescenti aree delle relazioni interpersonali, per via della sempre più forte diffusione di politiche di fatto bonapartiste e cesariste, ha dato vita a partiti personali piuttosto che di massa. O meglio, a partiti arcipelago *rank and file* diffusi ma divisivi, che lottano tra le loro componenti interne quasi con più furore di quanto non lottino con le componenti degli avversari elettorali. Una società divisa dalla crisi si intreccia quindi con una circolazione delle classi politiche di tipo bonapartista diffuso alla ricerca degli alleati internazionali più forti, al fine di garantirsi una circolazione elitaria che consenta di partecipare con ingenti risorse alle competizioni elettorali ormai compulsive sul piano individualistico e non più di partito.

Ancora continua il destino divisivo e di frantumazione e di devertebrazione che sempre ha contrassegnato la storia d'Italia nei suoi topici momenti.

Testi

- ✔ Niccolò Machiavelli: le radici del potere nell'Italia del Cinquecento (Estratti da Il Prinicipe)
- ✔ Georg Wilhelm Friedrich Hegel: l'analisi del potere politico in Italia attraverso *Il Principe* (Estratti da *La costituzione della Germania*)
- ✔ Friedrich Engels, Po e Reno
- ✔ Antonio Gramsci: il concetto di egemonia e il ruolo della cultura politica in Italia (Estratti dai Quaderni dal carcere, n. 4)
- ✔ Gaetano Mosca: gli intellettuali del risorgimento italiano e la teoria della classe politica (Estratti da Storia delle dottrine politiche)
- ✔ The Economist, Smatassamento. Il controllo delle imprese italiane sta passando di mano (14 Giugno 2014)

Machiavelli: le radici del potere nell'Italia del Cinquecento

Estratti da *Il Prinicipe* (1513)
edizione in italiano moderno a cura di C. Donzelli[1]

TRONO D'AVORIO
DI IVAN IL TERRIBILE

1   N. Machiavelli, *Il Principe*, Roma, Donzelli 2013 (edizione Gli indispensabili – Il Sole 24 Ore), pp. 131-143. È stata chiesta all'editore, che si ringrazia, l'autorizzazione per la riproduzione.

XXIV – Perché in Italia i principi hanno perduto i loro stati

Le cose dette sin qui, se applicate saggiamente, fanno sì che un principe nuovo sembri ereditario, e lo rendono subito sicuro e saldo nello stato, più che se vi fosse insediato da generazioni. Giacché un principe nuovo è osservato nelle cose che fa molto più di un principe ereditario: e le sue azioni, se sono giudicate virtuose, conquistano gli uomini e li legano a lui più di quanto non faccia l'antica stirpe. Gli uomini, infatti, sono molto più presi dalle cose presenti che dalle passate, e se nelle presenti scorgono il bene, se ne compiacciono e non cercano altro: anzi, se il principe non mancherà di fare bene tutto il resto, lo difenderanno in tutto e per tutto. E in questo modo avrà la duplice gloria, di aver fondato un nuovo principato e di averlo ornato dotandolo di buone leggi, di buone armi e di buoni esempi; così come raddoppia la propria vergogna colui che, nato principe, per sua scarsa capacità ha perso il principato.

E se si considerano quei signori che ai tempi nostri hanno perso lo stato in Italia, come il re di Napoli, il duca di Milano e altri, si troverà in loro per prima cosa un comune difetto quanto alle armi, per le ragioni che sopra a lungo sono state esaminate; poi si vedrà che alcuni di loro o hanno avuto nemiche le popolazioni, o hanno avuto amico il popolo ma non si sono saputi mettere al sicuro rispetto ai grandi. Perché senza questi difetti non si possono perdere stati che hanno forza sufficiente da poter tenere un esercito in campo. Filippo il Macedone – non il padre di Alessandro, ma quello che fu sconfitto da Tito Quinzio – non aveva un grande stato, se messo a confronto con la grandezza di quello dei Romani, e di quello della Grecia che lo assaltò: ciononostante, essendo un ottimo soldato che sapeva contemporaneamente tenersi amico il popolo e mettersi al sicuro dai grandi, resse per molti anni la guerra contro quelli; e se alla fine perdette il dominio di qualche città, nondimeno seppe conservare il regno.

Perciò questi nostri principi che sono stati per molti anni alla testa del loro principato, e lo hanno poi perduto, non se la prendono con la fortuna ma con la loro ignavia: perché non avendo mai pensato nei tempi quieti che le cose potessero cambiare – giacché è comune difetto degli uomini non considerare la possibilità della tempesta durante la bonaccia – quando poi arrivarono i tempi avversi pensarono a fuggire, non a difendersi; e speraro no che le popolazioni, irritate dall'insolenza dei vincitori, li richiamassero. Opinione che, in mancanza di altre, è ragionevole; ma è una grave colpa avere trascurato gli altri rimedi per aggrapparsi ad essa: giacché non si dovrebbe mai cadere solo perché si crede di poter trovare qualcuno che ti possa rialzare. Una cosa del genere o non accade, o se accade non ti mette al sicuro, perché quella difesa non è stata onorevole, e non è dipesa da te; e le sole difese ad essere buone, certe e durevoli sono quelle che dipendono da te stesso e dalla tua virtù.

XXV – Quanto conta la fortuna nelle umane vicende e in che modo ci si può opporre ad essa

Mi è ben noto che molti hanno pensato e pensano che le cose del mondo sono governate dalla fortuna e da Dio, in modo tale che gli uomini, con tutta la loro saggezza, non possano modificarle, e anzi non possano opporvi nessun rimedio; e da ciò si potrebbe dedurre che non valga la pena di affaticarsi, ma che convenga lasciarsi governare dalla sorte. Questa opinione si è diffusa in particolare nei nostri tempi per i grandi cambiamenti che si sono visti e si vedono accadere ogni giorno, ben al di là di ogni umana immaginazione. E pensando a questo, io stesso mi sono per certi aspetti avvicinato a questa loro opinione. Tuttavia, affinché il nostro libero arbitrio non sia completamente annullato, penso possa essere vero che la fortuna sia arbitra della metà delle nostre azioni, ma penso anche che essa ne lasci governare l'altra metà, o quasi, a noi. E paragono la fortuna a uno di quei fiumi rovinosi che quando si adirano, allagano le pianure, travolgono gli alberi e gli edifici, levano il terreno da una parte, per spostarlo da un'altra: tutti fuggono davanti a loro, ognuno cede al loro dominio senza potervisi opporre in nessun modo. E per quanto i fiumi siano fatti a questo modo, ciò non toglie però che gli uomini, quando i tempi sono quieti, non possano provvedere con ripari e con argini; in modo che, quando i fiumi crescono, o si indirizzino verso un canale, o comunque il loro impeto non sia così dannoso e così violento. Allo stesso modo succede della fortuna, che dimostra la sua potenza dove non è stata predisposta virtù che le resista, e dirige i suoi impeti là dove sa che non sono stati fatti gli argini e i ripari per trattenerla. E se prendete in considerazione l'Italia, che è la sede di questi cambiamenti, e quella che ha dato loro origine, vedrete che è una campagna senza argini e senza alcun riparo: se essa fosse stata posta al riparo da un'adeguata virtù – come avviene per la Germania, la Spagna e la Francia – questa piena non avrebbe prodotto i grandi cambiamenti che ha determinato, o non ci sarebbe stata. E mi fermo qui, quanto al modo in cui opporsi alla fortuna in generale.

Ma concentrandosi di più sui casi particolari, dico che oggi si vede il tal principe prima prosperare e il giorno dopo andare in rovina senza che si sia vista cambiare in lui nessuna natura o qualità; il che credo derivi, in primo luogo, dalle ragioni che si sono sopra a lungo discusse: cioè che quel principe che si appoggia totalmente sulla fortuna, va in rovina non appena quella cambia. Credo anche che sia fortunato colui che trova il suo modo di procedere al passo con la qualità dei tempi, e allo stesso modo che sia sfortunato quello il cui procedere non si accorda coi tempi. Giacché si vedono gli uomini, nel perseguire il fine che ciascuno di essi ha davanti a sé – cioè gloria e ricchezze – muoversi diversamente: l'uno con prudenza, l'altro con impeto; l'uno usando la violenza, l'altro l'astuzia; l'uno con pazienza, l'altro col suo contrario; e ciascuno può raggiungere quel fine con questi differenti modi. E si possono osservare due persone accorte, di cui l'una raggiunge il suo scopo e l'altra no; e allo stesso modo due che ottengono entrambi la prosperità seguendo modi diversi, essendo l'uno prudente e l'altro impetuoso; e ciò deriva solamente dalla qualità dei tempi, che si accordano o meno con il loro procedere. Da ciò consegue quello che ho detto, che due persone, che si comportano diversamente, sortiscano il medesimo effetto, mentre di altre due, che agiscono allo stesso modo, l'una ottiene il suo scopo e l'altra no. A ciò si lega anche il mutare del bene; perché se a uno che si comporti con prudenza e pazienza i tempi e le cose girano in modo che il suo governo sia buono, egli continuerà a prosperare; ma, se i tempi e le cose cambiano, egli andrà in rovina, perché non avrà cambiato il suo modo di procedere. Né si trova uomo tanto accorto da sapersi adattare a questo; vuoi perché egli non può deviare dalla sua naturale inclinazione, vuoi anche perché, avendo egli prosperato tenendosi sempre su una certa via, non riesce a persuadersi che sia bene allontanarsene. E così l'uomo accorto, quando arriva il tempo di diventare impetuoso, non lo sa fare; e perciò va in rovina; ma, se si potesse mutare natura col mutare dei tempi e delle cose, ciò non cambierebbe la fortuna.

Papa Giulio II procedette in ogni sua azione impetuosamente, e trovò sempre i tempi e le cose talmente concordi con quel suo modo di procedere, che sempre ne ottenne un esito fortunato. Considerate la sua prima impresa di Bologna, mentre era ancora vivo messer Giovanni Bentivoglio. I veneziani erano contrari; il re di Spagna, pure; con la Francia stava ancora trattando. E ciononostante, con ferocia e con impeto, si mise personalmente a capo di quella spedizione; e questa decisione rese incerti e bloccò la Spagna e i veneziani, i secondi per paura e la prima per il desiderio che aveva di riconquistare tutto il Regno di Napoli; d'altro canto, il papa si tirò dietro il re di Francia perché, una volta che quel re lo vide muoversi, desiderando di farselo amico per contenere i veneziani, considerò che non poteva negargli le sue truppe, senza offenderlo manifestamente. E così Giulio, con la sua mossa impetuosa, realizzò quello che mai nessun altro pontefice con tutta la umana prudenza avrebbe mai realizzato; se avesse aspettato, per muoversi da Roma, che tutti gli accordi fossero stabiliti e tutte le cose decise, come qualunque altro pontefice avrebbe fatto, non gli sarebbe mai riuscito; perché il re di Francia avrebbe avuto mille scuse e gli altri gli avrebbero messo addosso mille paure. Non voglio qui citare altre sue azioni, che sono state tutte simili e tutte hanno avuto buon esito; e la brevità della vita non gli ha consentito di provare l'effetto contrario, perché se fossero arrivati tempi in cui fosse stato necessario procedere con prudenza, ne sarebbe seguita la sua rovina; né mai avrebbe deviato da quei modi a cui la natura lo spingeva.

Concludo quindi che, siccome la fortuna cambia i tempi, mentre gli uomini restano caparbiamente legati ai loro modi, essi sono fortunati quando le due cose concordano, e sfortunati appena discordano. Peraltro io credo sia meglio essere impetuoso che prudente: giacché la fortuna è donna, e se la si vuol metter sotto, bisogna picchiarla e farle forza; ed è evidente che si lascia conquistare più da quelli che fanno così che da quelli che procedono pacatamente; e perciò, in quanto donna, è sempre amica dei giovani, perché sono meno prudenti, più feroci, e con maggiore audacia la comandano.

XXVI – Esortazione a prendere l'Italia e a riscattarla liberandola dai barbari

Considerate quindi tutte le cose di cui sopra si è parlato, e ragionando con me stesso se al momento presente in Italia siano maturi i tempi per onorare un nuovo principe, e se ci sia materia che possa dare occasione a qualcuno prudente e virtuoso di darle una forma che faccia onore a lui e bene all'insieme degli uomini che la compongono, mi pare che le cose che concorrono a favore di un principe nuovo siano tante che io non so quale altro momento potrebbe essere più adatto a questo fine. E se, come ho detto, era necessario, per fare vedere la virtù di Mosè, che il popolo di Israele fosse schiavo in Egitto, e per far conoscere la grandezza dell'animo di Ciro, che i Persiani fossero oppressi dai Medi; e per mostrare la straordinaria qualità di Teseo che gli Ateniesi fossero dispersi; così nella situazione attuale, per far conoscere la virtù di uno spirito italiano, era necessario che l'Italia si riducesse nelle condizioni presenti, e che fosse più schiava degli Ebrei, più serva dei Persiani, più dispersa degli Ateniesi: senza capo, senza ordine, battuta, spogliata, ferita, saccheggiata, e che avesse sopportato rovine d'ogni sorta.

E per quanto fin qui si sia mostrato in qualcuno un qualche barlume che facesse pensare che egli fosse incaricato da Dio di redimerla, tuttavia si è visto poi che costui, al momento culminante delle sue azioni, è stato rifiutato dalla fortuna. Cosicché, rimasta come priva di vita, l'Italia aspetta di sapere chi possa essere quello che sani le sue ferite e ponga fine ai saccheggi in Lombardia, alle depredazioni del Regno e della Toscana, e la guarisca da quelle sue piaghe, già da lungo tempo incancrenite. La si vede pregare Iddio perché le mandi qualcuno che la redima da questa crudeltà e insolenza barbare. La si vede tutta pronta e disposta a seguire una bandiera, purché ci sia qualcuno che la raccolga. Né si vede al momento in chi altro possa sperare, se non nella vostra illustre Casata, che con la sua fortuna e la sua virtù – favorita da Dio e dalla Chiesa, della quale ora è principe – possa porsi a capo di questa redenzione. Il che non sarà particolarmente difficile, se terrete davanti a voi le azioni e la vita di quelli che più sopra ho ricordato; e benché quegli uomini siano stati straordinari e meravigliosi, nondimeno furono uomini, e ciascuno di loro ebbe un'occasione più piccola di quelle presente: giacché la loro impresa non fu né più giusta né più facile di questa, né Dio fu più amico loro che vostro. Qui c'è una grande occasione di giustizia: è giusta, infatti, la guerra per coloro ai quali è necessaria, e sono sante quelle armi senza cui non c'è speranza. Qui c'è un'occasione favorevolissima: e dove c'è un'occasione favorevole non può esserci grande difficoltà, a patto che questa vostra Casata si ispiri ai consigli di quelli che ho proposto come esempio.

Di più: qui si vedono eventi straordinari, senza precedenti, operati da Dio: il mare si è aperto; una nube ha mostrato il cammino; la pietra ha versato acque; qui è piovuta manna. Tutto è confluito nella vostra grandezza. Il resto lo dovete fare voi. Dio non vuole fare ogni cosa, per non toglierci il libero arbitrio, e per non privarci in nulla di quella gloria che a noi spetta.

E non c'è da meravigliarsi se nessuno degli italiani sopra menzionati ha potuto fare ciò che si spera possa fare l'illustra Casata vostra, e se, in tanti sconvolgimenti d'Italia e in tante manovre di guerra, sembra sempre che la virtù militare si sia spenta; giacché ciò è dipeso dal fatto che gli antichi ordinamenti non erano buoni, e non c'è stato nessuno che ne abbia saputo trovare di nuovi. E niente fa tanto onore a un uomo che sorga dal nulla, quanto le nuove leggi e i nuovi ordinamenti da lui introdotti: queste cose, quando sono ben fondate e hanno una loro grandezza, lo rendono degno di rispetto e ammirazione. E in Italia non manca materia a cui dare ogni forma; qui c'è virtù nelle membra, come si vedrebbe se la virtù non mancasse nei capi. Guardate ai duelli e alle disfide, e vedrete quanto gli italiani siano superiori in fatto di forza, di destrezza, di ingegno: eppure, appena si passa agli eserciti, ecco che sfigurano. E tutto questo dipende dalla debolezza dei capi: giacché nessuno ubbidisce a quelli che sanno, e tutti sono convinti di sapere, non essendoci stato fino ad ora nessuno che si sia imposto, per virtù e per fortuna, al punto da fare cedere gli altri.

Da ciò deriva che in tanto tempo, in tante guerre fatte negli ultimi venti anni, quando c'è stato un esercito tutto italiano, ha sempre dato cattiva prova di sé; ne sono testimoni prima il Taro, poi Alessandria, Capua, Genova, Vailate, Bologna, Mestre.

Se dunque la illustre vostra Casata vorrà seguire le orme di quegli uomini eccellenti che riscattarono le loro province, è necessario, prima di ogni altra cosa, come vero fondamento di ogni impresa, munirsi di armi proprie, perché non si possono avere soldati più fidi, né più veri, né migliori di quelli; e per quanto ciascuno di essi sia già buono, tutti insieme diventeranno migliori, se si vedranno comandare dal loro principe, e saranno da lui onorati e ben trattati. È necessario perciò predisporre queste armi per potersi difendere con la virtù italica dagli stranieri. E benché le fanterie svizzera e spagnola siano considerate terribili, tuttavia ciascuna delle due ha tali difetti che un terzo ordinamento potrebbe non solo opporsi a loro, ma confidare di sconfiggerli. Giacché gli spagnoli non sanno reggere l'assalto degli uomini a cavallo, e gli svizzeri finiscono con l'avere paura dei fanti quando li trovano determinati a combattere come loro; per cui si è visto per esperienza, e si vedrà, che gli spagnoli non sanno reggere una cavalleria francese, e gli svizzeri sono sbaragliati da una fanteria spagnola. E per quanto di questo ultimo caso non se ne sia veduta completa esperienza, tuttavia se ne è avuto un saggio nella battaglia di Ravenna, quando le fanterie spagnole si scontrarono con le schiere tedesche, che seguono lo stesso ordinamento degli svizzeri: in quel caso gli spagnoli, con l'agilità del corpo e con l'aiuto dei loro piccoli scudi, erano arrivati sotto di loro infilandosi tra le picche, e stavano al riparo ad annientarli, senza che i tedeschi potessero trovare scampo; e se non fosse intervenuta la cavalleria ad aiutarli, li avrebbero uccisi tutti. Una volta conosciuto il difetto dell'una e dell'altra di queste fanterie, se ne può quindi organizzare una nuova, che resista agli uomini a cavallo e non abbia paura dei fanti; il che si otterrà attraverso i tipi di armi e il variare degli schieramenti. E queste sono cose che, organizzate in modo nuovo, danno reputazione e grandezza a un principe nuovo.

Non si deve dunque lasciar passare questa occasione, affinché l'Italia veda comparire, dopo tanto tempo, un suo salvatore. E non so dire con quale affetto egli sarebbe ricevuto in tutte quelle province che hanno sofferto queste alluvioni straniere, con che sete di vendetta, con che ostinata fede, con che pietà, con che lacrime. Quali porte gli si chiuderebbero? Quali popoli gli negherebbero l'obbedienza? Quale invidia gli si opporrebbe? Quale italiano gli negherebbe l'ossequio? A ognuno puzza questo barbaro dominio. Prenda dunque l'illustre Casa vostra questo compito con quell'animo e quella speranza con cui si prendono le imprese giuste, affinché sotto la sua bandiera questa patria ne sia nobilitata, e sotto i suoi auspici si adempia quel detto del Petrarca:

Vertù contra furore
prenderà l'arme, e fia 'l combatter corto:
ché l'antiquo valore
ne l'italici cor non è ancor morto.

■ Hegel: l'analisi del potere politico in Italia attraverso *Il Principe*

Estratti da *La costituzione della Germania* (1802-1803)[2]

TRONO DI CRISTINA
DI SVEZIA (1650)

2   G.W.F. Hegel, *Scritti politici*, a cura di C. Cesa, Torino, Einaudi 1972, pp. 98-108. È stata chiesta all'editore, che si ringrazia, l'autorizzazione per la riproduzione.

9 – La formazione degli stati nel resto d'Europa

È stata la pace di Vestfalia ad aver reso definitiva la condizione di indipendenza delle parti. Da sole esse non ne sarebbero state capaci, anzi, la loro lega era frantumata, ed esse stesse ed i loro territori, non più in grado di resistere da soli, erano nella morsa politica e religiosa di un despota come Ferdinando.

Persino la spedizione di Gustavo Adolfo – non per lui personalmente, ché egli morì al culmine della fortuna, ma rispetto alla sua nazione – può essere collocata esattamente nella stessa classe delle spedizioni del suo successore Carlo XII. In Germania anche la potenza svedese sarebbe rimasta soccombente se la politica di Richelieu, poi realizzata secondo la stessa linea da Mazzarino, non avesse fatto propria, e sostenuto, la causa di essa.

A Richelieu toccò la rara fortuna di esser considerato il più gran benefattore sia da quello stato della cui grandezza egli pose il vero fondamento che da quello a spese del quale ciò accadde.

La Francia come stato, e la Germania come stato, avevano entrambe, al loro interno, gli stessi due principi di dissoluzione; nell'uno di essi Richelieu li distrusse radicalmente, e fece così della Francia uno degli stati più potenti, nell'altro diede loro tutti i poteri, e soppresse così l'esistenza di esso come stato. In entrambi i paesi egli portò a piena maturità il principio che costituiva la loro interna struttura; il principio della Francia era la monarchia, quello della Germania la formazione di una moltitudine di stati indipendenti. Nessuno dei due aveva ancora definitivamente abbattuto il principio opposto; Richelieu riuscì a portare entrambi i paesi al loro sistema stabile, ciascuno dei quali era opposto all'altro.

I due principi che impedivano alla Francia di diventare un solo stato nella forma di una monarchia, erano i grandi e gli ugonotti; entrambi guerreggiavano contro il re.

I grandi, tra i quali c'erano anche i membri della famiglia reale, intrigavano con gli eserciti contro il ministro. Va ricordato, peraltro, che la sovranità era da tempo sacro appannaggio del monarca, che nessuno osava metterla in discussione, e che i grandi non mettevano eserciti in campo per pretendere una propria sovranità, ma per essere i primi sudditi del monarca, come ministri, governatori di province ecc. Il merito di Richelieu, di aver costretto i grandi ad obbedire al potere statale nelle sue più dirette emanazioni, cioè nel ministero, può avere, ad uno sguardo superficiale, l'apparenza di ambizione. Qualsiasi cosa i suoi nemici fossero, si ha l'impressione che essi siano caduti vittime della sua ambizione; questi, pur quando si ribellavano e congiuravano, affermavano, e con tutta sincerità, di non commettere alcuna colpa, e di essere sempre devoti al loro sovrano; per loro l'opporsi a mano armata alla persona del ministro non era un delitto né di diritto comune né di lesa maestà. A piegarli però non fu la persona di Richelieu, ma il suo genio, che legò la sua persona al principio necessario dell'unità dello stato, e che rese dipendenti dallo stato le cariche statali. In questo consiste il genio politico, che l'individuo si identifichi con un principio: collegato ad esso, non può mancare di vincere. Ciò che Richelieu ha fatto, cioè l'aver dato l'unità al potere esecutivo dello stato è, come merito di un ministro, infinitamente più alto che l'aver arricchito il paese di una provincia, o l'averlo fatto uscire da una qualche situazione critica.

L'altro principio, che minacciava di dissoluzione lo stato, erano gli ugonotti, che Richelieu schiacciò come fazione politica; non si può assolutamente considerare il suo comportamento nei loro confronti come un'oppressione della libertà di coscienza. Costoro avevano propri eserciti, piazzeforti, alleanze con potenze straniere ecc., e costituivano così una sorta di stato sovrano; contro di loro i grandi avevano formato la *Ligue*, che aveva portato lo stato francese sull'orlo del baratro. Entrambi gli opposti partiti erano un fanatismo armato, e non facevano alcun conto del potere statale. Richelieu, col distruggere lo stato degli ugonotti, distrusse anche le ragioni della *Ligue*, e poté così mettere fine al residuo, rimasto senza ragioni e senza principi, di quella situazione, cioè all'insubordinazione dei grandi. Eliminando lo stato degli ugonotti egli lasciò loro la libertà di coscienza, chiese, culto, diritti civili e politici, del tutto come ai cattolici. Con la sua logica di uomo di stato egli scoprì ed esercitò la tolleranza, il che, oltre un secolo dopo, venne affermato come un prodotto di una umanità più colta, e come la più splendida benemerenza della filosofia, e dell'ingentilirsi dei costumi; e non era per ignoranza e fanatismo che i francesi, sia durante la guerra che nella pace di Vestfalia, non pensarono a tracciare una linea divisoria tra stato e chiesa in Germania, che fecero della religione il fondamento di una diseguaglianza di diritti politici e civili, e che affermarono, in Germania, un principio che nel loro paese soppressero.

Riuscì così alla Francia, e anche all'Inghilterra, alla Spagna e agli altri paesi europei di pacificare e di unificare quegli elementi che fermentavano nel loro seno, e che minacciavano di distruggere lo stato; e di giungere, attraverso quella libertà dell'ordinamento feudale che aveva indicato loro la Germania, a edificare un centro ispirato a leggi liberamente stabilite e che sapesse raccogliere tutte le forze – la forma propriamente monarchica, o quella che oggi si chiama repubblicana, che però può trovar posto anche sotto il principio della monarchia limitata, quella, cioè, che si fonda sulle leggi: ma, questo, qui non interessa. È da quest'epoca, nella quale i vari territori giunsero ad essere uno stato, che data il periodo della potenza e della ricchezza dello stato, e del benessere, libero e legale, dei singoli.

L'Italia, invece, ha avuto in comune con la Germania lo stesso corso del destino; con la sola differenza che essa, avendo già prima un più elevato grado di cultura, fu condotta prima dal suo destino a quella linea di svolgimento che la Germania sta percorrendo ora fino in fondo.

Gli imperatori romano-germanici rivendicarono per lungo tempo sull'Italia una sovranità che, come in Germania, era effettiva nella misura e fin quando era affermata dalla personale potenza dell'imperatore. La brama degli imperatori di conservare entrambi i paesi sotto il loro dominio ha distrutto il loro potere in entrambi.

In Italia ogni punto di essa acquistò sovranità; essa cessò di essere un solo stato e divenne un groviglio di stati indipendenti, monarchie, aristocrazie, democrazie, come il caso voleva; e per un breve periodo si videro anche le forme degenerative di queste costituzioni: la tirannide, l'oligarchia e l'oclocrazia. La situazione d'Italia non può essere definita anarchia perché la moltitudine dei partiti in contrasto erano stati organizzati. Malgrado la mancanza di un vincolo statale in senso proprio, una gran parte di quegli stati si univa insieme per far fronte comune contro il capo dell'impero, mentre gli altri si univano per allearsi con lui. Il partito ghibellino e quello guelfo, che allora si ramificavano in tutta la Germania e in tutta l'Italia, sono tornati a presentarsi nella Germania del XVIII secolo come partito austriaco e partito prussiano – salvo i mutamenti dovuti alla diversità dei tempi.

Non passò molto tempo da quando le singole parti d'Italia ebbero dissolto lo stato prima esistente e furono ascese all'indipendenza, che esse stimolarono l'avidità di conquista delle potenze più grandi e diventarono il teatro delle guerre delle potenze straniere. I piccoli stati che si contrapposero, sul piano della potenza, ad una potenza mille e più volte maggiore, ebbero a subire il loro necessario destino, la rovina: e accanto al rimpianto si prova il sentimento della necessità e della colpa imputabile a pigmei che, ponendosi accanto a colossi, ne vengono calpestati. Anche l'esistenza dei maggiori stati italiani, che si erano formati assorbendo una quantità di stati minori, continuò a vegetare senza forza e senza vera indipendenza, come una pedina nei piani delle potenze straniere; si conservarono un po' più a lungo per la loro abilità nell'umiliarsi avvedutamente al momento giusto, e di tener lontano, con continue mezze sottomissioni, quell'assoggettamento totale che da ultimo non poté mancare.

Che cosa è stato della moltitudine degli stati indipendenti di Pisa, Siena, Arezzo, Ferrara, Milano; di queste centinaia di stati – ogni città ne costituiva uno –? Che cosa è stato delle famiglie dei tanti duchi e marchesi del tutto sovrani, delle case principesche dei Bentivoglio, Sforza, Gonzaga, Pico, Urbino ecc., e della innumerevole nobiltà minore? Gli stati indipendenti vennero assorbiti da quelli più grandi, questi da quelli più grandi ancora e così via; ad uno dei più grandi, Venezia, la fine è stata data, ai nostri giorni, da una lettera di un generale francese, recapitata da un aiutante. Le case principesche più illustri non hanno più sovranità, e nemmeno peso politico, in un ordinamento rappresentativo. Le stirpi più nobili sono diventate aristocrazia di corte.

In questo periodo di sventura, quando l'Italia correva incontro alla sua miseria ed era il campo di battaglia delle guerre che i principi stranieri conducevano per impadronirsi dei suoi territori, ed essa forniva i mezzi per le guerre e ne era il prezzo; quando essa affidava la propria difesa all'assassinio, al veleno, al tradimento, o a schiere di gentaglia forestiera sempre costose e rovinose per chi le assoldava, e più spesso anche temibili e pericolose – alcuni dei capi di esse ascesero al rango principesco –; quando tedeschi, spagnoli, francesi e svizzeri la mettevano a sacco ed erano i gabinetti stranieri a decidere la sorte della nazione, ci fu un uomo di stato italiano che, nel pieno sentimento di questa condizione di miseria universale, di odio, di dissoluzione e di cecità, concepì, con freddo giudizio, la necessaria idea che per salvare l'Italia bisognasse unificarla in uno stato. Con rigorosa consequenzialità egli tracciò la via che era necessaria, sia in vista della salvezza sia

tenendo conto della corruttela e del cieco delirio del suo tempo, ed
invitò il suo principe a prendere per sé il nobile compito di salvare l'I-
talia, e la gloria di porre fine alla sua sventura, con le parole seguenti:

E se, come io dissi, era necessario, volendo vedere la virtù di Moisè, che
il populo di Isdrael fussi stiavo in Egitto, e a conoscere la grandezza dello
animo di Ciro ch'e' persi fussino oppressati da' medi, e la eccellenzia di
Teseo che li ateniesi fussino dispersi, così, al presente, volendo conoscere
la virtù di uno spirito italiano, era necessario che la Italia si riducessi ne'
termini presenti e che la fussi più stiava che li ebrei, più serva ch'e' persi,
più dispersa che gli ateniesi: sanza capo, sanza ordine, battuta, spogliata,
lacera, corsa, e avessi sopportato d'ogni sorte ruina. E benché insino a qui
si sia mostro qualche spiraculo in qualcuno da potere iudicare ch'e' fussi
ordinato da Dio per sua redenzione, tamen si è visto come di poi, nel
più alto corso delle azioni sua, è stato da la fortuna reprobato in modo
che, rimasa come sanza vita, aspetta quale possa essere quello che sani le
sua ferite, e ponga fine a' sacchi di Lombardia, alle taglie del Reame e di
Toscana e la guarisca da quelle sue piaghe già per lungo tempo infistolite.
Qui è iustizia grande: "iustum enim est bellum quibus necessarium, et
pia arma ubi nulla nisi in armis spes est".
Ogni cosa è concorsa nella vostra grandezza. El rimanente dovete fare
voi: Dio non vuole fare ogni cosa per non ci tòrre il libero arbitrio e parte
di quella gloria che tocca a noi.
Né posso esprimere con quale amore e' [il redentore d'Italia] fussi ricevuto in tutte quelle provincie che hanno patito per queste illuvioni esterne; con che sete di vendetta, con che ostinata fede, con che pietà, con che
lacrime. Quali porte se li serrerebbono? Quali populi gli negherebbono
la obbedienza? Quale invidia se li opporrebbe? Quale italiano gli negherebbe lo ossequio?

È facile rendersi conto che un uomo il quale parla con un tono
di verità che scaturisce dalla sua serietà non poteva avere bassezza nel
cuore, né capricci nella mente. A proposito della bassezza, nella opinione comune già il nome di Machiavelli è segnato dalla riprovazione:
princìpi machiavellici e princìpi riprovevoli sono, per lei, la stessa cosa. Il cieco vociare di una cosiddetta libertà ha tanto soffocato l'idea di
uno stato che un popolo si impegni a costituire, che forse non bastano
né tutta la miseria abbattutasi sulla Germania nella Guerra dei sette
anni, e in quest'ultima guerra contro la Francia, né tutti i progressi

della ragione e l'esperienza delle convulsioni della libertà francese per innalzare a fede dei popoli o a principio della scienza politica questa verità: che la libertà è possibile solo là dove un popolo si è unito, sotto l'egida delle leggi, in uno stato.

Già il fine che Machiavelli si prefisse, di innalzare l'Italia ad uno stato, viene frainteso dalla cecità, la quale vede nell'opera di Machiavelli nient'altro che una fondazione di tirannia, uno specchio dorato presentato ad un ambizioso oppressore. Ma se anche si riconosce quel fine, i mezzi – si dice – sono ripugnanti: e qui la morte ha tutto l'agio di mettere in mostra le sue trivialità, che il fine non giustifica i mezzi ecc. Ma qui non ha senso discutere sulla scelta dei mezzi, le membra cancrenose non possono essere curate con l'acqua di lavanda. Una condizione nella quale veleno ed assassinio sono diventate armi abituali non ammette interventi correttivi troppo delicati. Una vita prossima alla putrefazione può essere riorganizzata solo con la più dura energia.

È perfettamente assurdo considerare l'esemplificazione di una idea attinta direttamente dalla visione delle condizioni d'Italia come un compendio di princìpi politico-morali buono per tutti gli usi, e adatto a tutte le situazioni, cioè a nessuna. Il *Principe* si deve leggere avendo ben presente la storia dei secoli precedenti a Machiavelli, e quella dell'Italia a lui contemporanea: allora non soltanto il *Principe* sarà giustificato, ma esso comparirà come una grandissima e vera concezione, nata da una mente davvero politica che pensava nel modo più grande e più nobile.

Non sarebbe superfluo dire qualche cosa su un aspetto che di solito viene trascurato, cioè sui tratti davvero ideali che Machiavelli esige da un principe che sia eccellente – ed a tali condizioni non ha assolto nessuno dei principi che hanno regnato dopo di lui, neppure colui che lo ha confutato. E quanto a quelli che vengono definiti "i mezzi ripugnanti" che Machiavelli avrebbe consigliato, ebbene, è da un ben altro angolo visuale che essi vanno considerati. L'Italia doveva essere uno stato; questo valeva come principio anche allora, quando l'imperatore continuava ad essere considerato il signore da cui ogni prerogativa derivava – e questo universale è ciò che Machiavelli presuppone, questo egli esige, questo è il suo principio per rimediare alla miseria del suo paese. Posto questo, il comportamento del principe si configura in tutt'altro modo. Ciò che sarebbe riprovevole se esercitato da un privato contro un privato, o da uno stato contro un altro stato o contro un privato, è adesso una giusta pena. Promuovere l'anarchia è il peggiore delitto, anzi, l'unico delitto che si possa commettere contro uno stato; ad essa si possono ridurre tutti i delitti che lo stato è tenuto a reprimere, e coloro che aggrediscono lo stato non indirettamente, come gli altri delinquenti, ma direttamente, sono i criminali peggiori – e lo stato non ha dovere più alto che quello di conservare se stesso e di debellare nel modo più sicuro tali criminali. L'esercizio da parte dello stato di tale altissimo dovere non è più un mezzo, ma pena – e se si vuole, invece, che la pena sia un mezzo, allora la punizione di ogni delinquente dovrebbe essere definita una cosa ripugnante, ed ogni stato il quale, per mantenersi, faccia ricorso a pene quali la morte, o lunga prigionia, adopererebbe mezzi ripugnanti.

Il Catone minore della storia romana ha il privilegio di essere citato da tutti i venditori ambulanti di libertà – lui che più di ogni altro contribuì a che l'autorità suprema venisse affidata al solo Pompeo, e non per amicizia verso Pompeo, ma perché l'anarchia era il male peggiore; egli si suicidò non perché era tramontata ciò che allora i romani chiamavano ancora libertà, l'anarchia – il partito di Pompeo, al quale egli aderiva, non era infatti che un partito, contrapposto a quello di Cesare – ma per caparbietà, per non volersi sottomettere ad un nemico che aveva odiato ed offeso. La sua morte fu una questione di partito.

Colui dal quale Machiavelli aveva sperato la salvezza d'Italia era, secondo ogni evidenza, il duca di Valentinois, un principe il quale, con l'aiuto di suo zio, ed anche col suo coraggio e con inganni di ogni genere, aveva messo insieme uno stato con i principati dei duchi Orsini, Colonna, di Urbino ecc., e con le signorie dei baroni romani. Per ciò che riguarda la sua memoria, e quella di suo zio: anche se non si tiene conto di tutte quelle azioni loro attribuite da voci incontrollate, e dall'odio dei loro nemici, la loro memoria, di essi in quanto uomini, è stata bollata a fuoco dalla posterità – ammesso che questa possa presumere di dare, su uomini, un giudizio morale; a rovinare sono stati il duca e suo zio, ma non la loro opera. Sono essi ad avere conquistato uno stato al Soglio romano, uno stato della cui esistenza Giulio II seppe ben servirsi, e renderlo temibile, e che sussiste fino al giorno d'oggi.

Machiavelli attribuisce la caduta di Cesare Borgia, oltre che agli errori politici, anche al caso, che lo volle immobilizzato dalla malattia proprio nel momento più decisivo, quello della morte di Alessandro; noi, invece, dobbiamo scorgere, nella sua caduta, una più alta necessità, che non gli consentì di godere dei frutti delle sue azioni né di utilizzarli per giungere ad una potenza anche maggiore. La natura infatti, come si vede dai suoi vizi, sembra averlo destinato ad uno splendore effimero e ad essere un mero strumento della fondazione di uno stato; ed inoltre una gran parte della potenza alla quale egli arrivò non si basava su un diritto naturale interiore, e neanche su uno esteriore, ma soltanto sul ramo spurio della dignità ecclesiastica di suo zio.

L'opera del Machiavelli resta una grande testimonianza, che egli rese sia al suo tempo sia alla propria fede, che il destino di un popolo che precipita verso il suo tramonto politico possa essere salvato dall'opera di un genio. Malgrado i fraintendimenti e l'odio contro il *Principe* del Machiavelli, c'è qualcosa che va notato sul singolare destino di quest'opera: per una sorta di istinto, un futuro monarca che rese manifesta nel modo più chiaro, in tutta la sua vita e in tutte le sue azioni, la dissoluzione dello stato tedesco in stati indipendenti, ha fatto una esercitazione scolastica su questo Machiavelli e gli ha opposto moralistici luoghi comuni la cui vanità ha poi dimostrata egli stesso, sia col suo modo di agire sia, esplicitamente, nei suoi scritti, quando, per es., nella prefazione alla storia della prima guerra di Slesia, egli nega che i trattati internazionali siano ancora vincolanti quando non corrispondono più all'interesse di uno stato.

Ma ci sono anche quei lettori più sottili che non potevano non prendere atto della genialità delle opere del Machiavelli, e insieme pensavano in modo troppo morale per approvare i suoi princìpi: con le migliori intenzioni, e ben decisi a salvarlo, hanno conciliato questa contraddizione in modo davvero franco ed elegante, sostenendo che Machiavelli non aveva affatto pensato sul serio quelle cose, che era tutta una sottile presa in giro, una ironia. Non si può proprio fare a meno di complimentarsi per la loro sottigliezza con questi lettori che colgono così bene l'ironia.

La voce di Machiavelli si è dileguata senza produrre alcun risultato.

■ Engels: L'Italia negli equilibri europei

Estratti dal pamphlet *Po e Reno* del 1859[3]

TRONO DEL RE POLACCO
STANISŁAW PONIATOWSKI

3   Friedrich Engels, *Po e Reno*, Roma, Edizioni Rinascita 1952.

La questione tedesca si risolve sul Po

Dall'inizio di quest'anno è divenuta parola d'ordine comune a gran parte della stampa tedesca che *il Reno deve essere difeso sul Po*.

Questa parola d'ordine è pienamente giustificata dagli armamenti e dalle minacce del Bonaparte. Con giusta intuizione si capì in Germania che se il Po era per Luigi Napoleone il pretesto, suo obiettivo finale doveva essere in ogni caso il Reno. Soltanto una guerra per il confine del Reno, infatti, può servire da parafulmine contro i due elementi che minacciano il regime bonapartista all'interno della Francia: la «esuberanza» patriottica delle masse rivoluzionarie e il crescente malcontento della «borghesia». Essa avrebbe dato agli uni una missione nazionale, agli altri la prospettiva di un nuovo mercato. Le chiacchiere sulla liberazione dell'Italia non potevano quindi ingannare nessuno in Germania. Era il caso di dire col vecchio proverbio: si batte la soma, ma si vuol batter l'asino. Ma se l'Italia si adattava a rappresentare la soma, la Germania dal canto sua non aveva nessuna voglia di far la parte dell'asino.

Mantenere la linea del Po aveva dunque nel caso presente semplicemente questo significato: la Germania, minacciata da un attacco col quale, in ultima analisi, si metteva in pericolo il possesso di una delle sue migliori province, non poteva pensare in nessun modo di abbandonare senza colpo ferire una delle più forti, per non dire la più forte, tra le sue posizioni militari. In questo senso veramente tutta la Germania era interessata alla difesa del Po. Alla vigilia di una guerra, come durante la guerra stessa, si occupa ogni posizione vantaggiosa dalla quale si può minacciare il nemico e lo si può danneggiare, senza mettersi a fare delle considerazioni di carattere morale, senza domandarsi se questo sia o no conciliabile con la giustizia eterna e col principio di nazionalità. Si difende soltanto la propria pelle.

Questo modo di concepire la difesa del Reno sul Po deve però essere ben distinto dalla tendenza di moltissimi uomini politici é militari tedeschi a presentare il Po, cioè la Lombardia e il Veneto, come un indispensabile complemento strategico e, per così dire, come una parte integrante della Germania. Questa concezione è stata sostenuta e difesa sul piano teorico, specialmente a partire dall'epoca delle campagne d'Italia del 1848 e 1849, precisamente dal generale v. Radowitz nella Paulskirche, dal generale v. Willisen nella sua *Campagna d'Italia* del 1848. Nella Germania meridionale extra-austriaca ha trattato questo tema, con una predilezione che rasenta l'entusiasmo, il bavarese generale von Hailbronner. L'argomento capitale è sempre di natura politica: l'Italia non è assolutamente in grado di rimanere indipendente; o la Germania. o la Francia debbono dominarla; se gli austriaci si ritirassero oggi dall'Italia, domani i francesi sarebbero nella valle dell'Adige e alle porte di Trieste, e tutto il confine meridionale della Germania sarebbe lasciato scoperto di fronte al «nemico secolare». Perciò l'Austria tiene la Lombardia in nome e nell'interesse della Germania.

Come si vede, le autorità militari che si schierano in favore di questa concezione sono tra le prime della Germania. Tuttavia noi dobbiamo opporci loro risolutamente.

Questa concezione diventa poi un articolo di fede, difeso con vero e proprio fanatismo, nella *Gazzetta generale d'Augusta*, che si è elevata al rango di gazzetta ufficiale degli interessi tedeschi in Italia. Questo foglio cristiano-germanico, nonostante il suo odio verso ebrei e turchi, si farebbe circoncidere piuttosto che perdere il territorio «tedesco» in Italia. Ciò che da parte dei generali datisi alla politica viene tuttavia in definitiva difeso soltanto come una magnifica posizione militare nelle mani della Germania, nella *Gazzetta generale d'Augusta* diventa il nucleo sostanziale di una teoria politica. Intendiamo quella «teoria della grande potenza centro-europea che vorrebbe costituire una federazione con l'Austria, la Prussia e il resto della Germania, sotto l'influenza predominante dell'Austria, tedeschizzare l'Ungheria e i paesi slavo-rumeni del Danubio mediante la colonizzazione, le scuole e una dolce violenza, spostare così il centro di gravità di questo complesso di territori sempre più verso il sud-est, verso Vienna, e insieme riconquistare anche l'Alsazia e la Lorena. La «grande potenza centro-europea» dovrebbe essere una specie di reincarnazione del Sacro, romano impero di nazione tedesca e sembra, tra l'altro, avere anche lo scopo di incorporare come Stati vassalli i Paesi Bassi già austriaci, come l'Olanda. La patria tedesca si estenderà per circa il doppio del territorio dove ora suona la lingua tedesca, e quando tutto ciò si sarà realizzato, allora la Germania sarà arbitra e signora d'Europa! Son date già tutte le condizioni perché tutto ciò si avveri. I popoli latini sono in completa decadenza: gli spagnuoli e gli italiani sono ormai in rovina totale e i francesi parimenti assistono in questo momento alla propria dissoluzione. Dall'altra parte stanno gli slavi, che sono inadatti a formare Stati veramente moderni e che hanno il compito storico di venir germanizzati, nella qual opera poi il principale strumento della Provvidenza è di nuovo la ringiovanita Austria. L'unica stirpe che ha mantenuto finora forza morale e capacità storica, sono dunque i germani, e di questi gli inglesi sono anch'essi caduti così profondamente nell'egoismo insulare e nel materialismo, che bisogna tener lontana dal continente europeo la loro influenza il loro commercio e la loro industria, con potenti leghe difensive, con una specie di sistema continentale razionalmente costituito. In questa maniera, data la serietà morale tedesca, non potrà non accadere che entro breve tempo la giovane potenza centroeuropea avochi a sé il dominio mondiale per mare e per terra e inauguri una nuova èra storica, nella quale la Germania finalmente, dopo lungo tempo, farà ancora una volta la parte del primo violino e le

altre nazioni danzeranno alla sua musica.
Francesi e russi hanno la terra,
il mare i britanni;
ma noi possediamo nei regni aerei del sogno
un dominio sconfinato

(H. Heine, *Germania. Una fiaba invernale*, 1844)

Non è il caso per noi ora di addentrarci nell'aspetto politico di queste fantasie patriottiche. Ne abbiamo dato qui soltanto un cenno sintetico, appunto perché non ci si ripresentino più tardi tutte queste magnifiche scoperte come nuove prove della necessità della dominazione «tedesca» in Italia. Qui a noi interessa unicamente la questione militare: ha bisogno la Germania per la propria difesa di dominare permanentemente in Italia e soprattutto di occupare militarmente la Lombardia e il Veneto?

La questione, ridotta alla sua espressione più schiettamente militare, suona: ha bisogno la Germania, per la difesa dei suoi confini meridionali, del possesso dell'Adige, del Mincio e del corso inferiore del Po, con le teste di ponte di Peschiera e di Mantova?

Prima di cercar di rispondere a questa domanda, notiamo ancora espressamente quando noi parliamo qui di Germania, intendiamo con questo un'unica potenza, la cui azione e le cui forze militari sono guidate da un centro; la Germania come un corpo politico non ideale, bensì reale. Partendo da altri presupposti non si può in generale parlare affatto di esigenze politiche e militari della Germania.

Considerazioni militari: il valore strategico della valle del Po

Ancor più del Belgio, l'Italia settentrionale è da secoli il campo di battaglia sul quale tedeschi e francesi hanno combattuto le guerre chi li hanno visti di fronte. Il possesso del Belgio e della valle del Po è, per chi attacca, la condizione necessaria sia per un'invasione tedesca della Francia, sia per un'invasione francese della Germania: soltanto questo possesso rende completamente sicuri i fianchi e le spalle dell'invasore. Soltanto il caso di una neutralità assolutamente certa di questi paesi potrebbe costituire un'eccezione; e ciò fino ad ora non si e verificato.

Se è vero che la sorte della Francia e della Germania si è indirettamente decisa fin dai tempi di Pavia sui campi di battaglia della valle padana, là pure si è decisa, direttamente e immediatamente, la sorte dell'Italia. Con i grandi eserciti regolari dell'epoca moderna, con la crescente potenza della Francia e della Germania, con la decadenza politica dell'Italia, la vecchia Italia propriamente detta, a sud del Rubicone, perdette ogni importanza militare, e il possesso della vecchia Gallia Cisalpina implicò inevitabilmente il predominio sulla stretta e allungata penisola. Nel bacino del Po e dell'Adige, sulla costa genovese, veneta e romagnola, risiedeva la popolazione più fitta, era concentrata l'agricoltura più fiorente, l'industria più attiva, il più animato commercio dell'Italia. La penisola, ossia Napoli e lo Stato della Chiesa, rimasero relativamente stazionari nel loro sviluppo storico; la loro potenza guerriera da secoli non contava più nulla. Chi possedeva la valle del Po, tagliava le comunicazioni terrestri della penisola con il resto del continente e, all'occasione, poteva sottometterla con poca fatica. Così fecero due volte i francesi nelle guerre della Rivoluzione, così due volte gli austriaci in questo secolo. Perciò soltanto il bacino del Po e dell'Adige ha importanza per la guerra.

... Finché l'Impero tedesco esistette come un'effettiva potenza militare, finché, in conseguenza di ciò, poneva la base dei suoi attacchi contro l'Italia nella Svevia superiore e nella Baviera, esso poteva aspirare all'assoggettamento dell'Italia settentrionale per motivi politici, mai però per motivi puramente militari. Nelle lunghe lotte combattute per l'Italia, la Lombardia è stata ora tedesca, ora indipendente, ora spagnuola, ora austriaca; ma la Lombardia, non bisogna dimenticarlo, era separata da Venezia, e Venezia era indipendente. E, sebbene la Lombardia possedesse Mantova, essa non comprendeva tuttavia proprio la linea del Mincio e il territorio tra il Mincio e l'Isonzo, senza il cui possesso, come ora ci è stato assicurato, la Germania non può dormire sonni tranquilli. La Germania (per mediazione dell'Austria) è venuta nel completo possesso della linea del Mincio solo nel 1814. E se anche la Germania, come corpo politico, non ha avuto la parte più brillante nel XVII e XVIII secolo, è certo tuttavia che la colpa di ciò non si dovette ad ogni modo al mancato possesso della linea del Mincio.

Veramente il completamento strategico dei confini degli Stati e la loro delimitazione secondo linee atte alla difesa sono venuti in auge da quando la Rivoluzione francese e Napoleone hanno creato eserciti più mobili e con questi eserciti hanno percorso l'Europa in tutte le direzioni. Nella guerra dei Sette anni il campo di operazioni di un esercito era limitato ancora a una sola provincia, si compivano, intorno a singole fortezze, posizioni o basi di operazioni, manovre che duravano dei mesi; oggi invece in ogni guerra si prende in considerazione la configurazione del terreno di intere regioni e l'importanza che prima si attribuiva a singole posizioni tattiche si dà oramai soltanto a vasti gruppi di fortificazioni, a lunghe linee fluviali o a catene di monti alte e fortemente pronunciate. E, sotto questo rapporto, linee come quelle del Mincio e dell'Adige sono veramente di un'importanza di gran lunga maggiore di quel che non lo fossero una volta.

Considerazioni politiche: la dominazione dell'Italia non serve alla Germania

Ma qui entrano in gioco anche considerazioni politiche che non possiamo lasciare da parte. Dal 1820 in poi il movimento nazionale in Italia è uscito ringiovanito e più potente da ogni sconfitta. Ci sono pochi paesi i cui cosidetti confini naturali corrispondano così fedelmente ai confini della nazionalità e siano insieme così netti. Una volta che in un tale paese, che per di più conta 25 milioni di abitanti, il movimento nazionale si è rafforzato, esso non può più aver pace, finché una parte del paese, tra le migliori e più importanti politicamente e militarmente, e con essa circa un quarto dell'intera popolazione, è soggetta a una dominazione straniera e antinazionale. Dal 1820 l'Austria regna in Italia ormai soltanto con la violenza, con la repressione di ripetute insurrezioni, col terrore dello stato d'assedio. Per mantenere la sua dominazione in Italia è necessario all'Austria trattare i suoi avversari politici, cioè ogni italiano che si senta italiano, peggio dei delinquenti comuni. La maniera in cui sono stati trattati, e qua e là ancora vengono trattati, i prigionieri politici italiani da parte dell'Austria, è inaudita nei paesi civili. Con particolare predilezione gli austriaci hanno cercato di coprire d'infamia i rei di delitti politici in Italia trattandoli col bastone, sia col fine di spremerne confessioni sia con il pretesto della pena. Fiumi di indignazione morale sono stati versati sul pugnale italiano, sull'assassinio politico; ma sembra ci si sia completamente dimenticati che è stato il bastone austriaco a provocarlo. I mezzi dei quali si deve servire l'Austria per mantenere la sua dominazione in Italia sono la migliore dimostrazione che questa dominazione non può durare più a lungo. La Germania che, nonostante Radowitz, Willisen e Hailbronner, non ha per quella dominazione lo stesso interesse dell'Austria, la Germania è certamente messa nella condizione di domandarsi se poi questo interesse sia abbastanza grande da controbilanciare i numerosi svantaggi che ad essa sono legati.

L'Alta Italia è un'appendice che alla Germania in ogni caso serve soltanto in guerra, ma che in pace può esserle solo di danno. Gli eserciti necessari a mantenerne il possesso sono divenuti dal 1820 in poi sempre più numerosi e dal 1848, nella pace più completa, raggiungono i 70.000 uomini, che si trovano continuamente come in terra nemica, e debbono a ogni momento aspettarsi un attacco. La guerra del 1848-49 e l'occupazione dell'Italia fino ad oggi, nonostante il pagamento dell'indennità di guerra da parte del Piemonte, i ripetuti contributi lombardi, i prestiti forzosi e le imposte straordinarie, è costata all'Austria evidentemente molto di più di quel che l'Italia non le abbia fruttato dal 1848. E tuttavia dal 1848 al 1854 il paese è stato sistematicamente trattato come un possedimento puramente provvisorio, dal quale si prende tutto quel che si può prima di sgomberarlo. Soltanto a partire dalla Guerra d'oriente la Lombardia è tornata per un paio d'anni a condizioni meno anormali; ma quanto durerà tutto questo, con le attuali complicazioni, ora che il sentimento nazionale italiano di nuovo pulsa con tanta violenza?

Ma, cosa molto più importante, il possesso della Lombardia vale tutto l'odio, tutta la fanatica ostilità che ci ha attirato in tutta l'Italia? Vale la corresponsabilità nelle misure punitive con cui l'Austria – nel nome e nell'interesse della Germania, come ci viene assicurato – rafforza colà la sua dominazione? Vale esso le continue intromissioni nelle faccende interne del resto d'Italia, senza le quali, secondo la prassi fin qui seguita e secondo le assicurazioni austriache, la Lombardia non può essere mantenuta, e che rendono sempre più acceso l'odio degli italiani contro di noi tedeschi? In tutte le considerazioni militari fatte fin qui abbiamo sempre presupposto il caso peggiore, quello di una alleanza della Francia con l'Italia. Fintanto che noi manteniamo il possesso della Lombardia, l'Italia è senza dubbio l'alleata della Francia in ogni guerra francese contro la Germania. Appena noi l'abbandoniamo, questo viene a cessare. Ma è nostro interesse mantenere quattro fortezze e con questo assi curare a noi la fanatica inimicizia e ai francesi l'alleanza di 25 milioni di italiani?

Le interessate dicerie sull'incapacità politica degli italiani e sulla loro vocazione a esser soggetti alla dominazione tedesca o a quella francese, così come le diverse congetture sulla possibilità o meno di un'Italia unita, ci sembrano piuttosto sorprendenti in bocca a tedeschi. Quanto tempo è che noi, la grande nazione tedesca, che conta il doppio degli abitanti dell'Italia, siamo sfuggiti alla «vocazione» a esser soggetti o ai francesi o ai russi? Ed è stata fino a oggi risolta in pratica la questione dell'unità o non unità della Germania? Non siamo noi in questo momento, secondo ogni probabilità, alla vigilia di avvenimenti che matureranno una decisione su questi due problemi per il nostro avvenire? Abbiamo dimenticato completamente Napoleone ad Erfurt o l'appello austriaco alla Russia alle conferenze di Varsavia o la battaglia di Bronnzell?

Vogliamo per un momento ammettere che l'Italia debba rimanere sotto l'influenza o tedesca o francese. In questo caso, al di fuori delle simpatie, decide soprattutto ancora la situazione geografico:militare dei due paesi che esercitano questa influenza. Vogliamo ammettere che le forze militari della Francia e della Germania siano eguali, sebbene la Germania evidentemente possa essere molto più forte. Ma noi crediamo di aver dimostrato che, nel più favorevole dei casi, se cioè rimangono aperti ai francesi il Vallese e il Sempione, la loro influenza militare diretta comprende solo il Piemonte, ed essi debbono prima vincere una battaglia per estenderla al territorio posto più innanzi, mentre la nostra influenza si estende su tutta la Lombardia e sul punto di collegamento tra il Piemonte e la penisola; e per toglierci questa influenza bisogna prima sconfiggerci. Ma, dove esiste una tale disposizione geografica alla dominazione, l'influenza della Germania non ha nulla da temere dalla concorrenza francese.

Il generale Hailbronner diceva recentemente nella Augsburger Abendzeitung press'a poco così: la Germania ha ben altra missione che quella di servire da parafulmine contro la tempesta che si addensa sul capo della dinastia bonapartista. Con lo stesso diritto gli italiani possono dire: l'Italia ha ben altra missione che quella di servire da cuscinetto ai tedeschi contro i colpi che sferra loro la Francia e di riceverne come ringraziamento delle bastonate dagli austriaci. Ma se la Germania ha interesse a mantenere un tale cuscinetto, ciò può avvenire in ogni modo molto meglio se essa sta in buoni rapporti con l'Italia, se rende giustizia al movimento nazionale e lascia agli italiani le cose d'Italia finché essi non si immischiano nelle cose tedesche. L'opinione di Radowitz che, se l'Austria se ne va oggi, domani la Francia debba avere il dominio dell'Alta Italia, era a suo tempo così poco fondata come ancora lo era tre mesi fa, così come stanno le cose oggi, sembra che essa debba diventare una realtà, ma nel senso opposto a quello di Radowitz. Se i 25 milioni di italiani non possono mantenere la loro indipendenza, tanto meno lo dovrebbero i due milioni di danesi, i quattro milioni di belgi, i tre milioni di olandesi. Ciò nondimeno noi non sentiamo i difensori della dominazione tedesca in Italia lamentarsi per la dominazione francese o svedese su questi paesi e pretendere che venga sostituita da una dominazione tedesca.

Per quanto riguarda la questione dell'unità noi pensiamo: o l'Italia può diventare unita, e allora essa avrà una propria politica, che necessariamente non sarà né tedesca né francese e quindi non potrà essere più dannosa a noi che ai francesi; o essa rimane divisa, e allora la divisione ci assi cura degli alleati in Italia in ogni guerra contro la Francia.

Ad ogni modo questo è certo: sia che noi abbiamo la Lombardia o no, avremo sempre una notevole influenza in Italia, finché saremo forti in casa nostra. Se noi lasciamo che l'Italia sbrighi da sé i propri affari, verrà meno da sé l'odio degli italiani contro di noi e la nostra naturale influenza su di loro diventerà in ogni modo molto più notevole e può anche arrivare, a certe condizioni, a una vera e propria egemonia. Invece dunque di cercare la nostra forza nel possesso di territorio straniero e nell'oppressione di una nazionalità straniera, alla quale soltanto il pregiudizio può negare la possibilità di un avvenire, faremo meglio a preoccuparci di essere uniti e forti in casa nostra.

■ Gramsci: il concetto di egemonia e il ruolo della cultura politica in Italia

Estratti dai *Quaderni dal carcere*, n. 4[4]

TRONO DI EDUARDO I
D'INGHILTERRA (1308)

4   Antonio Gramsci, *Quaderni del carcere*, a cura di V. Gerratana, Torino, Einaudi 1975.

49 – Gli intellettuali

Prima quistione: gli intellettuali sono un gruppo sociale autonomo, oppure ogni gruppo sociale ha una sua propria categoria di intellettuali? Il problema è complesso per le varie forme che ha assunto finora il processo storico di formazione delle diverse categorie intellettuali. Le più importanti di queste forme sono due.

(1) Ogni gruppo sociale, nascendo sulla base originaria di una funzione essenziale nel mondo della produzione economica, crea insieme, organicamente, un ceto o più ceti di intellettuali che gli danno omogeneità e consapevolezza della propria funzione nel campo economico: l'imprenditore capitalista crea con sé l'economista, lo scienziato dell'economia politica. Inoltre c'è il fatto che ogni imprenditore è anche un intellettuale, nel senso che deve avere una certa capacità tecnica, oltre che nel campo economico in senso stretto, anche in altri campi, almeno in quelli più vicini alla produzione economica (deve essere un organizzatore di masse di uomini, deve essere un organizzatore della "fiducia" dei risparmiatori nella sua azienda, dei compratori della sua merce ecc.); se non tutti gli imprenditori, almeno una élite di essi deve avere una capacità tecnica (di ordine intellettuale) di organizzatore della società in generale, in tutto il suo complesso organismo di servizi fino allo Stato, per avere le condizioni più favorevoli all'espansione del proprio gruppo, o per lo meno la capacità di scegliere i "commessi" specializzati in questa attività organizzatrice dei rapporti generali esterni all'impresa. Anche i signori feudali erano detentori di una particolare forma di capacità: quella militare, ed è appunto dal momento in cui l'aristocrazia perde il monopolio della capacità tecnica militare che si inizia la crisi del feudalismo.

(2) Ma ogni gruppo sociale, emergendo alla storia dalla struttura economica, trova o ha trovato, nella storia almeno fino ad ora svoltasi, delle categorie intellettuali preesistenti, e che apparivano anzi come rappresentanti una continuità storica ininterrotta anche dai più complicati mutamenti delle forme sociali e politiche. La più tipica di queste categorie intellettuali è quella degli ecclesiastici, monopolizzatori per lungo tempo di alcuni servizi essenziali (l'ideologia religiosa, la scuola e l'istruzione, e in generale la "teoria", con riferimento alla scienza, alla filosofia, alla morale, alla giustizia ecc., oltre alla benefi-

cenza e all'assistenza ecc.), ma ce ne sono parecchie altre che in regime feudale furono in parte, almeno, equiparate giuridicamente all'aristocrazia (il clero, in realtà, esercitava la proprietà feudale della terra come i nobili ed economicamente era equiparato ai nobili, ma c'era, per esempio, un'aristocrazia della toga, oltre a quella della spada ecc.: nel paragrafo precedente, agli economisti, nati con gli imprenditori, occorre aggiungere i tecnici industriali e gli scienziati "applicati", categoria intellettuale strettamente connessa al gruppo sociale degli imprenditori ecc.), gli scienziati "teorici", i filosofi non ecclesiastici ecc. Siccome queste categorie sentono con "spirito di corpo" la continuità della loro qualifica intellettuale (Croce si sente come legato ad Aristotele più che ad Agnelli ecc.) così appare una certa loro autonomia dal gruppo sociale dominante e il loro complesso può apparire come un gruppo sociale indipendente con propri caratteri ecc.

Seconda quistione: quali sono i limiti massimi dell'accezione di "intellettuale"? È difficile trovare un criterio unico che caratterizzi ugualmente tutte le disparate attività intellettuali e nello stesso tempo le distingua in modo essenziale dalle attività degli altri raggruppamenti sociali. L'errore metodico più diffuso mi pare quello di aver cercato questa caratteristica essenziale nell'intrinseco dell'attività intellettuale e non invece nel sistema di rapporti in cui essa (o il raggruppamento che la impersona) si viene a trovare nel complesso generale dei rapporti sociali. Invero: (1) L'operaio non è specificamente caratterizzato dal lavoro manuale o strumentale (a parte la considerazione che non esiste lavoro puramente fisico e che anche l'espressione del Taylor di "gorilla ammaestrato" è una metafora per indicare un limite in una certa direzione: c'è, in qualsiasi lavoro fisico, anche il più meccanico e degradato, un minimo di qualifica tecnica, cioè un minimo di attività intellettuale creatrice), ma da questo lavoro in determinate condizioni e in determinati rapporti sociali. (2) È stato già notato che l'imprenditore, per la sua stessa funzione, deve avere in una certa misura un certo numero di qualifiche di carattere intellettuale, sebbene la sua figura sociale sia determinata non da esse ma dai rapporti generali sociali che si caratterizzano dalla posizione dell'imprenditore nell'industria.

Fatte queste distinzioni si può concludere per ora: il rapporto tra gli intellettuali e la produzione non è immediato, come avviene per i gruppi sociali fondamentali, ma è mediato ed è mediato da due tipi di organizzazione sociale: (a) dalla società civile, cioè dall'insieme di organizzazioni private della società; (b) dallo Stato. Gli intellettuali hanno una funzione nell'"egemonia" che il gruppo dominante esercita in tutta la società e nel "dominio" su di essa che si incarna nello Stato e questa funzione è precisamente "organizzativa" o connettiva: gli intellettuali hanno la funzione di organizzare l'egemonia sociale di un gruppo e il suo dominio statale, cioè il consenso dato dal prestigio della funzione nel mondo produttivo e l'apparato di coercizione per quei gruppi che non "consentono" né attivamente né passivamente o per quei momenti di crisi di comando e di direzione in cui il consenso spontaneo subisce una crisi. Da quest'analisi risulta un'estensione molto grande del concetto di intellettuali, ma solo così mi pare sia possibile giungere a una approssimazione concreta della realtà.

La maggiore difficoltà ad accogliere questo modo di impostare la quistione mi pare venga da ciò: che la funzione organizzativa dell'egemonia sociale e del dominio statale ha vari gradi e che tra questi gradi ce ne sono di quelli puramente manuali e strumentali, di ordine e non di concetto, di agente e non di funzionario o di ufficiale ecc., ma evidentemente nulla impedisce di fare questa distinzione (infermieri e medici in un ospedale, sacristi-bidelli e preti in una chiesa, bidelli e professori in una scuola ecc.).

Dal punto di vista intrinseco, l'attività intellettuale può essere distinta in gradi, che nei momenti di estrema opposizione danno una vera e propria differenza qualitativa: nel più alto gradino troviamo i "creatori" delle varie scienze, della filosofia, della poesia ecc.; nel più basso i più umili "amministratori e divulgatori" della ricchezza intellettuale tradizionale, ma nell'insieme tutte le parti si sentono solidali. Avviene anzi che gli strati più bassi sentano di più questa solidarietà di corpo e ne traggano una certa "boria" che spesso li espone ai frizzi e ai motteggi.

È da notare che nel mondo moderno, la categoria degli intellettuali, così intesa, si è ampliata in misura inaudita. La formazione di massa ha standardizzato gli individui e come qualifica tecnica e come psicologia, determinando gli stessi fenomeni che in tutte le altre masse standardizzate: concorrenza individuale che pone la necessità dell'organizzazione professionale di difesa, disoccupazione ecc.

Gli intellettuali di tipo urbano sono piuttosto legati all'industria; essi hanno la stessa funzione che gli ufficiali subalterni nell'esercito:

mettono in rapporto l'imprenditore con la massa strumentale, rendono esecutivo il piano di produzione stabilito dallo stato maggiore dell'industria. Gli intellettuali urbani sono molto standardizzati nella loro media generale, mentre gli alti intellettuali si confondono sempre più col vero e proprio stato maggiore "organico" dell'alta classe industriale.

Gli intellettuali di tipo rurale mettono a contatto la massa contadina con l'amministrazione statale o locale (avvocati, notai ecc.) e per questa stessa funzione hanno una maggiore importanza politica: questa mediazione professionale infatti è difficilmente scindibile dalla mediazione politica. Inoltre: nella campagna l'intellettuale (prete, avvocato, maestro, notaio, medico ecc.) rappresenta per il medio contadino un modello sociale nell'aspirazione a uscire dalla propria situazione per migliorare. Il contadino pensa sempre che almeno un suo figlio potrebbe diventare intellettuale (specialmente prete), cioè diventare un signore, elevando il grado sociale della famiglia e facilitandone la vita economica con le aderenze che non potrà non avere tra gli altri signori. L'atteggiamento del contadino verso l'intellettuale è duplice: egli ammira la posizione sociale dell'intellettuale e in generale del dipendente statale, ma finge talvolta di disprezzarla, cioè la sua ammirazione istintiva è intrisa da elementi d'invidia e di rabbia appassionata. Non si comprende nulla dei contadini se non si considera questa loro subordinazione effettiva agli intellettuali e non si comprende che ogni sviluppo delle masse contadine fino a un certo punto è legato ai movimenti degli intellettuali e ne dipende.

Altro è il caso per gli intellettuali urbani; i tecnici di fabbrica non esercitano nessun influsso politico sulle masse strumentali, o almeno è questa una fase già oltrepassata; talvolta avviene proprio il contrario, che le masse strumentali, almeno attraverso i loro propri intellettuali organici, esercitano un influsso sui tecnici.

Il punto centrale della quistione rimane però la distinzione tra intellettuali come categoria organica di ogni gruppo sociale e intellettuali come categoria tradizionale, distinzione da cui scaturisce tutta una serie di problemi e di possibili ricerche storiche. Il problema più interessante è quello che riguarda l'analisi del partito politico da questo punto di vista. Cosa diventa il partito politico in ordine al problema degli intellettuali? Esso mi pare possa dirsi appunto il meccanismo che nella società civile compie la stessa funzione che compie lo Stato in misura maggiore nella società politica, cioè procura la saldatura tra intellettuali organici di un gruppo sociale e intellettuali tradizionali, funzione che può compiere in dipendenza della sua funzione fondamentale di elevare i membri "economici" di un gruppo sociale alla qualità di "intellettuali politici", cioè di organizzatori di tutte le funzioni inerenti all'organico sviluppo di una società integrale, civile e politica. Si può dire anzi che nel suo ambito il partito politico compie la sua funzione molto più organicamente di quanto lo Stato compia la sua nel suo ambito più vasto: un intellettuale che entra a far parte del partito politico di un determinato gruppo sociale, si confonde con gli intellettuali organici di tal gruppo, si lega strettamente a quel gruppo, ciò che non avviene attraverso la partecipazione alla vita statale che mediocremente e talvolta affatto. Avviene anzi che molti intellettuali pensino di esser loro lo Stato, credenza che data la massa imponente della categoria talvolta ha conseguenze notevoli e porta a delle complicazioni spiacevoli per il gruppo sociale economico che realmente è lo Stato.

Che tutti i membri di un partito politico debbano essere considerati come intellettuali: ecco un'affermazione che può prestarsi allo scherzo; pure, se si riflette, niente di più esatto. Sarà da fare distinzione di gradi, un partito potrà avere maggiore o minore composizione del grado più alto o del grado più basso; non è ciò che importa: importa la funzione che è educativa e direttiva, cioè intellettuale. Un commerciante non entra a far parte di un partito politico per fare del commercio, né un industriale per produrre di più e meglio, né un contadino per apprendere nuovi metodi di coltivar la terra, anche se qualche aspetto di queste esigenze del commerciante, dell'industriale, del contadino possono trovare soddisfazione nel partito politico (l'opinione generale contraddice a ciò, affermando che il commerciante, l'industriale, il contadino "politicanti" perdono invece di guadagnare, ciò che può essere discusso).

Per questi scopi, entro certi limiti, esiste il sindacato professionale, in cui la funzione economico-corporativa del commerciante, dell'industriale, del contadino trova il suo quadro più adatto. Nel partito politico gli elementi di un gruppo sociale economico superano questo momento del loro sviluppo storico e diventano agenti di attività generali, di carattere nazionale e internazionale. Questa funzione del partito politico dovrebbe apparire molto più chiara da un'analisi storica concreta del come si sono sviluppate le categorie organiche degli intellettuali e gli intellettuali tradizionali sia nel terreno dei vari sviluppi nazionali, sia in quello dello sviluppo dei vari gruppi sociali più importanti nel quadro delle varie nazioni, specialmente di quei gruppi sociali la cui attività economica è stata prevalentemente strumentale. La formazione degli intellettuali tradizionali è il problema storico più interessante. Esso è certamente legato alla schiavitù del mondo classico e alla situazione dei liberti di origine greca e orientale nell'organizzazione sociale dell'impero romano. Questo distacco non solo sociale ma nazionale, di razza, tra masse notevoli di intellettuali e la classe dominante nell'impero romano si riproduce dopo la caduta di Roma tra guerrieri germanici e intellettuali di origine latina continuatori dei liberti-intellettuali.

Si intreccia con questo fenomeno il nascere e lo svilupparsi del cattolicesimo e dell'organizzazione ecclesiastica che per molti secoli assorbe la maggior parte delle attività intellettuali ed esercita il monopolio della direzione intellettuale, con sanzioni penali per chi vuole opporsi o anche eludere questo monopolio.

A questo fenomeno si collega l'altro della funzione cosmopolita degli intellettuali italiani, su cui ci sono molte note scritte sparsamente nei diversi quaderni. Nello sviluppo degli intellettuali europei si osservano molte differenze tra nazione e nazione; ne accennerò le più notevoli, che dovranno essere approfondite (d'altronde tutte le affermazioni contenute in questa nota devono essere considerati semplicemente come spunti e motivi per la memoria, che occorrono di essere controllati e approfonditi).

(1) Per l'Italia il fatto centrale è appunto la funzione internazionale o cosmopolita dei suoi intellettuali che è causa ed effetto dello stato di disgregazione in cui rimane la penisola dalla caduta dell'impero romano fino al 1870.

(2) La Francia dà un tipo compiuto di sviluppo armonico di tutte le energie nazionali e specialmente delle categorie intellettuali: quando nel 1789 un nuovo raggruppamento sociale affiora politicamente alla storia, esso è completamente attrezzato per tutte le sue funzioni sociali e perciò lotta per il dominio totale della nazione, senza venire a compromessi essenziali con le vecchie classi, anzi subordinandosele. Le prime cellule intellettuali del nuovo tipo nascono con le prime cel-

lule economiche; la stessa organizzazione ecclesiastica ne è influenzata (gallicanismo, lotte tra Chiesa e Stato molto precoci). Questa massiccia costituzione intellettuale spiega la funzione intellettuale della Francia nella seconda metà del secolo XVIII e in tutto il secolo XIX, funzione internazionale e cosmopolita di irradiazione e di espansione a carattere imperialistico organico, quindi ben diversa da quella italiana, a carattere immigratorio personale e disgregato che non refluisce sulla base nazionale per potenziarla ma invece per renderla impossibile.

(3) In Russia diversi spunti: l'organizzazione politica commerciale è creata dai Normanni (Varieghi), quella religiosa dai greci, bizantini; in un secondo tempo i tedeschi e i francesi danno uno scheletro resistente alla gelatina storica russa. Le forze nazionali sono passive, ma forse per questa stessa passività assimilano le influenze straniere e anche gli stessi stranieri, russificandoli. Nel periodo storico più moderno avviene il fenomeno inverso: una élite di gente tra la più attiva, intraprendente e disciplinata emigra all'estero, assimila la cultura dei paesi più progrediti dell'occidente, senza perciò perdere i caratteri più essenziali della propria nazionalità, senza cioè rompere i legami sentimentali e storici del proprio popolo e fatto così il suo garzonato intellettuale, rientra nel paese, costringendo il popolo a un forzato risveglio. La differenza tra questa élite e quella tedesca (di Pietro il Grande per esempio) consiste nel suo carattere essenziale nazionale-popolare: essa non può essere assimilata dalla passività russa, perché essa stessa è un'energica reazione russa alla propria passività storica. In un altro terreno e in ben diverse condizioni di tempo e di spazio, questo fenomeno russo può essere paragonato alla nascita della nazione americana (Stati Uniti): gli immigrati anglosassoni in America sono anch'essi una élite intellettuale, ma specialmente morale. Si vuol parlare naturalmente dei primi immigrati, dei pionieri, protagonisti delle lotte religiose inglesi, sconfitti, ma non umiliati né depressi. Essi importano in America, con se stessi, oltre l'energia morale e volitiva, un certo grado di civiltà, una certa fase dell'evoluzione storica europea, che trapiantata nel suolo vergine americano e avendo tali agenti, continua a sviluppare le forze implicite nella sua natura, ma con un ritmo incomparabilmente più rapido che nella vecchia Europa, dove esistono tutta una serie di freni (morali e intellettuali, incorporati in

determinati gruppi della popolazione) che si oppongono a un altrettanto, rapido processo ed equilibrano nella mediocrità ogni iniziativa, diluendola nel tempo e nello spazio.

(4) In Inghilterra lo sviluppo è molto diverso che in Francia. Il nuovo raggruppamento sociale, nato sulla base dell'industrialismo moderno, ha un sorprendente sviluppo economico-corporativo, ma procede a tastoni nel campo intellettuale-politico. Molto numerosi sono gli intellettuali organici, nati cioè nello stesso terreno industriale col raggruppamento economico, ma nella fase più elevata di sviluppo troviamo conservata la posizione di quasi monopolio della vecchia classe terriera, che perde la sua supremazia economica, ma conserva a lungo la sua supremazia politico-intellettuale e viene assimilata come strato dirigente del nuovo raggruppamento al potere. Cioè: la vecchia aristocrazia terriera si unisce agli industriali con un tipo di sutura simile a quello con cui alla classe dominante si uniscono gli "intellettuali tradizionali" in altri paesi.

(5) Il fenomeno inglese si presenta anche in Germania aggravato per la complicazione di altri fenomeni. Anche la Germania, come l'Italia, è stata la sede di una istituzione e di una ideologia universalistica, supernazionale (Sacro Romano Impero della nazione tedesca) e ha dato una certa quantità di personale alla cosmopoli medioevale, depauperando le proprie energie nazionali, che hanno mantenuto a lungo la disgregazione territoriale del Medio Evo. Lo sviluppo industriale è avvenuto sotto un involucro semifeudale durato fino al novembre 1918 e i latifondisti Junker alleati alla piccola borghesia hanno mantenuto una supremazia politico-intellettuale ben maggiore di quella dello stesso gruppo inglese. Essi sono stati gli intellettuali tradizionali degli industriali tedeschi, ma con speciali privilegi e con una forte coscienza di raggruppamento indipendente data dal fatto che detenevano un notevole potere economico sulla terra "produttiva" più che in Inghilterra. Gli Junker prussiani rassomigliano a una casta sacerdotale, che svolge un'attività essenzialmente intellettuale, ma nello stesso tempo ha una base economica propria e non dipende dalla liberalità del gruppo dominante. Del resto è facile pensare che la diversa situazione della nobiltà inglese e di quella prussiana si sarebbero equiparate con l'andar del tempo, nonostante il fatto che in Germania la potenza militare territoriale e non solo marittima

come in Inghilterra desse agli Junker una base organizzativa favorevole alla conservazione del loro monopolio politico.

Fuori d'Europa sarebbero da esaminare e studiare altre manifestazioni originali dello sviluppo delle categorie intellettuali. Negli Stati Uniti è da notare l'assenza degli intellettuali tradizionali e quindi il diverso equilibrio degli intellettuali in generale; formazione massiccia sulla base industriale di tutte le superstrutture moderne. La necessità di un equilibrio non è data dal fatto che occorra fondere gli intellettuali organici con quelli tradizionali che come categoria non esistono, ma dal fatto che occorre fondere in un unico crogiolo nazionale tipi di culture diverse portati dagli immigrati di varie origini nazionali. La mancanza degli intellettuali tradizionali spiega in parte da una parte il fatto dell'esistenza di due soli partiti, che si potrebbero poi ridurre facilmente a uno solo (cfr. con la Francia non solo del dopoguerra, quando la moltiplicazione dei partiti è diventata fenomeno generale) e invece all'opposto la moltiplicazione illimitata delle Chiese (mi pare che sono catalogate 213 sette protestanti; cfr. con la Francia e con le lotte accanite sostenute per mantenere l'unità religiosa e morale del popolo francese). Sugli intellettuali americani si trovano varie note sparse nei vari quaderni.

Una manifestazione interessante è ancora da studiare in America ed è la formazione di un sorprendente numero di intellettuali negri che assorbono la cultura e la tecnica americana. Si può pensare all'influsso indiretto che questi intellettuali negri americani possono esercitare sulle masse arretrate dell'Africa e a quello diretto se si verificasse una di queste ipotesi: (1) che l'espansionismo americano si serva come di suoi agenti dei negri d'America per conquistare i mercati africani (qualcosa di questo genere è già avvenuto, ma ignoro in qual misura); (2) che le lotte di razza in America si inaspriscano in tal misura da determinare l'esodo e il ritorno in Africa degli elementi negri intellettuali più spiritualmente indipendenti e attivi e quindi meno facili ad assoggettarsi a una possibile legislazione ancora più umiliante del costume attualmente diffuso. Si pone la quistione: (1) della lingua, poiché i negri d'America sono inglesi di lingua e d'altronde in Africa c'è un pulviscolo di dialetti; (2) se il sentimento nazionale può sostituire quello di razza, innalzando il continente africano alla funzione di patria comune di tutti i negri (sarebbe il primo caso di un continente intero considerato unica nazione). I negri d'America mi pare debbano avere uno spirito di razza e nazionale più negativo che positivo, creato cioè dalla lotta che i bianchi fanno per isolarli e deprimerli; ma non fu questo il caso degli ebrei fino a tutto il Settecento? La Liberia già americanizzata e con lingua ufficiale inglese potrebbe diventare la Sion dei negri americani, con la tendenza a diventare tutta l'Africa, a essere il Piemonte dell'Africa.

Nell'America meridionale e centrale mi pare che la quistione degli intellettuali sia da esaminare tenendo conto di queste condizioni fondamentali: anche nell'America meridionale e centrale non esiste la categoria degli intellettuali tradizionali, ma la cosa non si presenta negli stessi termini che negli Stati Uniti. Infatti troviamo alla base dello sviluppo di questi paesi la civiltà spagnola e portoghese del Cinquecento e del Seicento caratterizzata dalla Controriforma e dal militarismo. Le cristallizzazioni più resistenti ancora oggi in questa parte dell'America sono il clero e l'esercito, due categorie intellettuali che in parte continuano la tradizione delle madri patrie europee. Inoltre la base industriale è molto ristretta e non ha sviluppato superstrutture complicate: la maggior quantità di intellettuali è di tipo rurale e poiché domina il latifondo, con estese proprietà ecclesiastiche, questi intellettuali sono legati al clero e ai grandi proprietari. Il problema si complica per le masse notevoli di pellirosse che in alcuni paesi sono la maggioranza della popolazione.

Si può dire in generale che nell'America meridionale e centrale esiste ancora una situazione da Kulturkampf e da processo Dreyfus, cioè una situazione in cui l'elemento laico e civile non ha superato la fase della subordinazione alla politica laica del clero e della casta militare. Così avviene che in contrapposto all'influenza dei gesuiti abbia molta importanza la massoneria e i tipi di organizzazione culturale come la "Chiesa positivista". Gli avvenimenti di questi ultimi tempi (scrivo nel novembre 1930), dal Kulturkampf messicano di Calles ai movimenti militari-popolari in Argentina, nel Brasile, nel Perù, in Bolivia dimostrano appunto la verità di queste affermazioni. Sugli intellettuali dell'America meridionale ci sono note sparse nei vari quaderni.

Un altro tipo di manifestazione dello sviluppo degli intellettuali si può trovare in India, in Cina e nel Giappone. Non che sia da confondere l'India e la Cina col Giappone. Il Giappone si avvicina al tipo di sviluppo inglese e tedesco, cioè di una civiltà industriale che si sviluppa entro l'involucro semifeudale, ma, a quanto mi pare, più al tipo inglese che a quello tedesco. In Cina c'è il problema della scrittura, espressione della completa separazione degli intellettuali dal popolo. In India e in Cina si presenta il fenomeno della enorme distanza tra la religione del popolo e quella del clero e degli intellettuali, anch'essa legata al distacco tra intellettuali e popolo. Questo fatto delle diverse credenze e del modo diverso di concepire e praticare la stessa religione tra i diversi strati della società ma specialmente tra clero e popolo dei fedeli dovrebbe essere studiato in generale, sebbene nei paesi dell'Asia abbia le manifestazioni più estreme. Credo che nei paesi protestanti la differenza sia relativamente piccola. È molto notevole nei paesi cattolici, ma presenta gradi diversi: meno grande nella Germania cattolica e in Francia, più grande in Italia, specialmente meridionale e insulare, grandissima nella penisola iberica e nei paesi dell'America latina. Il fenomeno aumenta di portata nei paesi ortodossi ove bisogna parlare di tre gradi della stessa religione: quella dell'alto clero e dei monaci, quella del clero secolare e quella del popolo; e diventa catastrofico nell'Asia orientale (non nel Giappone) in cui la religione del popolo non ha nulla a che vedere spesso con quella dei libri, sebbene alle due si dia lo stesso nome.

Altri numerosi aspetti ha il problema degli intellettuali, oltre quelli accennati nelle pagine precedenti. Occorrerà farne un prospetto organico, sistemato e ragionato. Attività di carattere prevalentemente intellettuale; istituzioni legate all'attività culturale; metodi e problemi di metodo del lavoro intellettuale, creativo e divulgativo; riviste e giornali come organizzazioni di divulgazione intellettuale; accademie e circoli vari come istituzioni di elaborazione collegiale della vita culturale. Su molti di questi motivi ho scritto sparsamente delle note nei vari quaderni sotto diverse rubriche, specialmente sotto quella di "Riviste tipo".

Si può osservare in generale che nella civiltà moderna tutte le attività pratiche sono diventate così complesse e che le scienze si sono talmente intrecciate alla vita che ogni attività tende a creare una scuola per i propri specialisti e quindi a creare un gruppo di specialisti intellettuali che insegnino in queste scuole. Così accanto al tipo di scuola che si potrebbe chiamare "umanistica", perché rivolta a sviluppare in ogni individuo umano la cultura generale ancora indifferenziata, la potenza fondamentale di pensare e di sapersi dirigere nella vita, si sta creando tutto un sistema di scuole specializzate di vario grado, per intere branche professionali o per professioni già specializzate e indicate con precisa individuazione. Si può anzi dire che la crisi scolastica che oggi imperversa è appunto legata al fatto che questo processo di differenziazione avviene caoticamente, senza un piano bene studiato, senza principii chiari e precisi: la crisi del programma scolastico, cioè dell'indirizzo generale formativo, è in gran parte una complicazione della crisi più generale.

La divisione fondamentale della scuola media in professionale e classica era uno schema razionale: la scuola professionale per le classi strumentali, la scuola classica per le classi dominanti e intellettuali. Ma lo sviluppo della base industriale sia urbana che agricola tendeva a dare incremento al nuovo tipo di intellettuale urbano e allora ci fu una scissione della scuola in classica e tecnica (professionale ma non manuale), ciò che mise in discussione il principio stesso dell'indirizzo di cultura generale, dell'indirizzo umanistico, della cultura generale basata sulla tradizione classica. Questo indirizzo una volta messo in discussione può dirsi spacciato, poiché la sua capacità formativa era in gran parte basata sul prestigio generale di una forma di civiltà. Oggi la tendenza è di abolire ogni tipo di scuola "disinteressata" (cioè non immediatamente interessata) e "formativa" o di lasciarne solo un esemplare ridotto per una piccola élite di ricchi e di signorine che non devono pensare a prepararsi un avvenire e di diffondere sempre più le scuole specializzate professionali in cui il destino dell'allievo e la sua futura attività sono predeterminati.

La crisi avrà certamente una soluzione che razionalmente dovrebbe avere questa linea: scuola unica iniziale di cultura generale, umanistica, con giusto contemperamento dello sviluppo della potenza di operare manualmente (tecnicamente, industrialmente) e della potenza di pensare, di operare intellettualmente. Da questo tipo di scuola unica, attraverso l'orientamento professionale, si passerà a una delle scuole specializzate professionali (in senso largo) ecc.

In ogni modo occorre tener presente il principio che ogni attività pratica tende a crearsi una scuola particolare, così come ogni attività intellettuale tende a crearsi un "circolo di cultura" proprio; avverrà che anche ogni organismo direttivo dovrà scindere la sua operosità in due direzioni fondamentali: quella deliberativa che è la sua essenziale, e quella culturale-informativa in cui le quistioni su cui occorre discutere saranno prima discusse "accademicamente" per così dire. Il fatto avviene anche oggi, ma in maniera burocratica: ogni corpo deliberante ha i suoi uffici specializzati di periti che preparano il materiale delle discussioni e delle deliberazioni. È questo uno dei meccanismi attraverso cui la burocrazia finisce col dominare nei regimi democratici parlamentari. Mi pare appunto che si porrà la quistione di incorporare nei corpi deliberanti e direttivi stessi la capacità tecnica presupposta per la competenza.

A questo proposito vedere quanto ho scritto in una nota della rubrica "Riviste tipo": in attesa che si formi un gruppo di intellettuali abbastanza preparati per essere in grado di produrre una regolare attività libraria (s'intende di libri organici e non di pubblicazioni d'occasione o di raccolte di articoli) e come mezzo per accelerare questa formazione, intorno alle riviste tipo dovrebbe costituirsi un circolo di cultura, che collegialmente criticasse ed elaborasse i lavori dei singoli, distribuiti secondo un piano e riguardanti quistioni di principio (programmatiche). I lavori, nella elaborazione definitiva, cioè dopo aver subito la critica e la revisione collegiale, dopo aver raggiunto una estrinsecazione su cui l'opinione collegiale sia fondamentalmente concorde, dovrebbero essere raccolti nell'"Annuario" a cui accennai nella nota. Attraverso la discussione e la critica collegiale (fatta di suggerimenti, di consigli, di indicazioni metodiche, critica costruttiva e rivolta alla educazione reciproca) si innalzerebbe il livello medio dei membri del circolo, fino a raggiungere l'altezza e la capacità del più preparato. Dopo i primi lavori sarebbe possibile all'ufficio di presidenza o di segreteria avere dei criteri e delle indicazioni sui lavori ulteriori da assegnare e sulla loro distribuzione organica, in modo da indurre i singoli a specializzarsi e a crearsi le condizioni di specializzazione: schedari, spogli bibliografici, raccolte delle opere fondamentali specializzate ecc. Il metodo di lavoro dovrebbe essere molto severo e rigoroso: nessuna improvvisazione e declamazione. I lavori, scritti e distribuiti preventivamente a tutti i soci del circolo, dovrebbero essere criticati per iscritto, in note stringate, che elencassero le manchevolezze, i suggerimenti, i punti necessari di chiarimento ecc. Si potrebbe introdurre un principio fecondo di lavoro: ogni membro del circolo incaricato di un certo lavoro potrebbe scegliere tra gli altri un consigliere guida che lo indirizzi e lo aiuti con arte "maieutica", cioè che non si sostituisca a lui ma solo lo aiuti a lavorare e a sviluppare in sé una disciplina di lavoro, un metodo di produzione, che lo "taylorizzi" intellettualmente, per così dire.

50 – La scuola unitaria

Un punto importante nello studio dell'organizzazione pratica della scuola unitaria è la fissazione della carriera scolastica nei suoi vari gradi secondo l'età e la maturità intellettuale-morale dei giovani e secondo i fini che la scuola vuol raggiungere.

La scuola unitaria o di cultura generale "umanistica" (intesa in senso largo e non solo nel senso tradizionale) dovrebbe proporsi di immettere nella vita attiva i giovani con una certa autonomia intellettuale, cioè con un certo grado di capacità alla creazione intellettuale e pratica, di orientamento indipendente. La fissazione dell'età scolastica obbligatoria varia col variare delle condizioni economiche generali da cui dipendono due conseguenze secondo il nostro punto di vista della scuola unitaria: (1) la necessità di far lavorare i giovani per averne subito un certo apporto produttivo immediato; (2) la disponibilità finanziaria statale da dedicare all'educazione pubblica che dovrebbe essere di una certa grandezza per l'estensione che la scuola assumerebbe come edifizi, come materiale didattico in senso largo, come corpo di insegnanti; il corpo degli insegnanti specialmente crescerebbe di molto, perché la efficienza della scuola è tanto maggiore e rapida quanto più è piccolo il rapporto tra allievi e maestri, ma ciò pone il problema della formazione di un tal corpo, non certo di facile e rapida soluzione. Anche la quistione degli edifizi non è semplice, perché questo tipo di scuola, proponendosi anche la rapidità, deve essere una scuola-collegio, con dormitori, refettori, biblioteche specializzate, sale adatte per il lavoro di seminario ecc. Si può dire che inizialmente il nuovo tipo di scuola dovrà e non potrà non essere di élites di giovani scelti per concorso o indicati sotto la loro responsabilità dalle istituzioni private idonee.

Prendendo come tipo di riferimento l'attuale scuola classica: (1) elementari, (2) ginnasio, (3) liceo, (4) università con le specializzazioni professionali, teoretiche o pratiche, si può dire che la scuola unitaria comprenderebbe i primi tre gradi riorganizzati, non solo per il contenuto e il metodo dell'insegnamento, ma anche per la disposizione della carriera scolastica. Le elementari dovrebbero essere di tre-quattro anni e insegnare dogmaticamente (sempre in modo relativo) i primi elementi della nuova concezione del mondo, lottando contro la concezione del mondo data dall'ambiente tradizionale (folklore in tutta la sua estensione) oltre a dare, s'intende, gli strumenti primordiali della cultura: leggere, scrivere, far di conto, nozioni di geografia, storia, diritti e doveri (cioè prime nozioni sullo Stato e la società). Il ginnasio potrebbe essere ridotto a quattro anni e il liceo a due, in modo che un bambino che è entrato in iscuola a sei anni potrebbe a quindici-sedici aver percorso tutta la scuola unitaria. A chi può obbiettare che un tale corso scolastico è troppo faticoso per la sua rapidità se si vogliono raggiungere gli stessi risultati dell'attuale organizzazione della scuola classica, si può rispondere che il complesso della nuova organizzazione contiene in sé gli elementi generali per cui già oggi per un certo numero di allievi l'attuale organizzazione è invece troppo lenta. Quali sono questi elementi? In una serie di famiglie specialmente delle classi intellettuali, i ragazzi trovano nella vita famigliare una continuazione e una integrazione della vita scolastica, apprendono, come si dice, "nell'aria" tutta una quantità di nozioni e di attitudini che facilitano la carriera scolastica propriamente detta; inoltre essi cominciano ad apprendere qualche anno prima dell'inizio delle elementari la lingua letteraria, cioè un mezzo di espressione e di pensiero superiore a quello della media della popolazione scolastica dai sei ai dieci anni. Così c'è una differenza tra gli allievi della città e quelli della campagna: per il solo fatto di vivere in città un bambino da uno a sei anni assorbe tutta una quantità di nozioni e di attitudini che rendono più facile, più proficua e più rapida la carriera scolastica.

Nell'organizzazione della scuola unitaria devono esistere almeno le principali di queste condizioni. Intanto è da supporre che durante il suo sviluppo si sviluppino parallelamente gli asili infantili, istituzioni in cui anche sotto i sei anni i bambini si abituano a una certa disciplina collettiva e acquistano nozioni e attitudini prescolastiche. Lo stesso avverrà successivamente, se la scuola porterà con sé la vita di collegio diurna e notturna, liberata dalle attuali forme di disciplina ipocrita e meccanica e con l'assistenza agli allievi non solo in classe, ma anche nelle ore di studio individuale, con la partecipazione a questa assistenza dei migliori allievi ecc.

Il problema fondamentale si pone in quella fase dell'attuale carriera scolastica che oggi è rappresentata dal liceo, e che oggi non si differenzia per nulla, come tipo d'insegnamento, dalle classi precedenti, altro che per la supposizione di una maggiore maturità intellettuale e morale dell'allievo come un portato della maggiore età e dell'esperienza accumulata precedentemente. Di fatto però tra liceo e università c'è un salto, una vera soluzione di continuità, non un passaggio normale dalla quantità (età) alla qualità (maturità intellettuale e morale). Dall'insegnamento quasi puramente ricettivo si passa alla scuola creativa; dalla scuola con disciplina dello studio imposta e controllata dal di fuori si passa alla scuola in cui l'autodisciplina intellettuale e l'autonomia morale è teoricamente illimitata. E ciò avviene subito dopo la crisi della pubertà, quando la foga delle passioni istintive ed elementari non ha ancora finito di lottare coi freni del carattere e della coscienza morale. In Italia poi, dove nelle università non è diffuso il principio del "seminario", il passaggio è ancora più brusco e meccanico. Ecco dunque che nella scuola unitaria la fase del liceo deve essere concepita come la fase transitoria più importante in cui la scuola tende a creare i valori fondamentali dell'"umanesimo", l'autodisciplina intellettuale e l'autonomia morale necessarie per l'ulteriore specializzazione, sia che essa sia di carattere intellettuale (studi universitari) sia che sia di carattere immediatamente pratico-produttivo (industria, organizzazione degli scambi, burocrazia ecc.). Lo studio del metodo scientifico deve cominciare nel liceo e non essere più un monopolio dell'università: il liceo deve essere già un elemento fondamentale dello studio creativo e non solo ricettivo (io faccio una differenza tra scuola creativa e scuola attiva: tutta la scuola unitaria è scuola attiva, mentre la scuola creativa è una fase, il coronamento della scuola attiva. Naturalmente sia scuola attiva che scuola creativa devono essere intese rettamente: la scuola attiva, dalla fase romantica in cui gli elementi della lotta contro la scuola meccanica e gesuitica si sono dilatati morbosamente per ragioni di contrasto e di polemica, deve trovare e raggiungere la fase classica, liberata dagli elementi spuri polemici e che trova in se stessa e nei fini che vuol raggiungere la sua ragione di essere e l'impulso a trovare le sue forme e i suoi metodi. Così scuola creativa non significa scuola di "inventori e scopritori" di fatti e argomenti originali in senso assoluto, ma scuola in cui la "recezione" avviene per uno sforzo spontaneo e autonomo dell'allievo e in cui il maestro esercita specialmente una funzione di controllo e di guida amichevole come avviene, o dovrebbe avvenire oggi nelle università. Scoprire da se stessi, senza suggerimenti e impulsi esterni, una verità è "creazione", anche se la verità è vecchia: in ogni modo si entra nella fase intellettuale in cui si possono scoprire verità nuove, poiché da se stessi si è raggiunta la conoscenza, si è scoperta una "verità" vecchia). Nel liceo dunque l'attività scolastica fondamentale si svolgerà nei seminari, nelle biblioteche, nei gabinetti sperimentali, nei laboratori: in esso si raccoglieranno gli elementi fondamentali per l'orientazione professionale.

Un'innovazione essenziale sarà determinata dall'avvento della scuola unitaria nei rapporti oggi esistenti tra università e accademie. Oggi queste due istituzioni sono indipendenti l'una dall'altra e le accademie (le grandi accademie, naturalmente) hanno un posto gerarchicamente superiore a quello delle università. Colla scuola unitaria, le accademie dovranno diventare l'organizzazione intellettuale (di sistemazione e creazione intellettuale) di quegli elementi che dopo la scuola unitaria non faranno l'università, ma si inizieranno subito a una professione. Questi elementi non dovranno cadere nella passività intellettuale, ma dovranno avere a disposizione un organismo, specializzato in tutte le branche industriali e intellettuali, al quale potranno collaborare e nel quale dovranno trovare tutti i mezzi necessari per il lavoro creativo che vogliono intraprendere.

Il sistema accademico verrà riorganizzato e vivificato. Territorialmente esso avrà una gerarchia: un centro nazionale che si aggregherà le grandi accademie nazionali, delle sezioni provinciali e dei circoli locali urbani e rurali. Si dividerà poi per sezioni specializzate che saranno tutte rappresentate al centro e nelle province e solo parzialmente nei circoli locali. Il principio sarà quello degli istituti di cultura di un determinato raggruppamento sociale. Il lavoro accademico tradizionale, cioè la sistemazione del sapere esistente (tipo italiano attuale dell'accademia) e la guida e stabilizzazione secondo una media (pensiero medio) delle attività intellettuali (tipo francese dell'accademia) diventerà solo un aspetto della nuova organizzazione che dovrà avere un'attività creativa e di divulgazione con autorità collettiva. Essa controllerà le conferenze industriali, le conferenze e le attività di organizzazione scientifica del lavoro, i gabinetti sperimentali di fabbrica ecc. e sarà il meccanismo selettivo per mettere in valore le capacità individuali della periferia. Ogni circolo locale di questa organizzazione dovrà avere la sezione di scienze morali e politiche, ma potrà crearsi, a domanda degli interessati, una sezione di scienze applicate, per discutere dal punto di vista della cultura, le quistioni industriali, agrarie, di organizzazione e razionalizzazione del lavoro di fabbrica, agricolo, burocratico. Congressi periodici, elettivi per i rappresentanti, metteranno in luce i più capaci presso i dirigenti dei gradi superiori ecc. Nelle sezioni provinciali e al centro tutte le attività dovranno essere rappresentate, con laboratori, biblioteche ecc. I contatti gerarchici saranno tenuti dai conferenzieri e da ispettori: le sezioni provinciali e il centro (che potrebbe riprodurre l'attuale Collegio di Francia) dovrebbero periodicamente invitare, a fare relazioni accademiche, rappresentanti delle sezioni subordinate, fare dei concorsi, stabilire dei premi (borse di studio all'interno e all'estero). Sarebbe utile avere l'elenco completo delle accademie attualmente esistenti e delle materie che sono prevalentemente trattate nei loro Atti: in gran parte si tratta di cimiteri della cultura. La collaborazione tra questa organizzazione e le università dovrebbe essere stretta, così come con le scuole superiori specializzate di altri rami (militare, navale ecc.). Si avrebbe, con questa organizzazione, una centralizzazione e un impulso della cultura inaudito su tutta l'area nazionale. Inizialmente si potrebbero avere il centro nazionale e i circoli locali con poche sezioni.

Lo schema esposto indica solo una linea programmatica di principio, che potrebbe essere percorsa gradualmente. Quindi sarebbe necessario integrare lo schema con le misure transitorie indispensabili: in ogni modo anche queste misure transitorie dovrebbero essere concepite nello spirito generale di questa linea, in modo che le istituzioni transitorie possano mano a mano essere assorbite nello schema fondamentale senza soluzione di continuità e crisi.

51 – Braccio e cervello

La distinzione delle categorie intellettuali dalle altre si riferisce alla funzione sociale, all'attività professionale, cioè tiene conto del peso massimo che grava nell'attività professionale più sullo sforzo cerebrale che su quello muscolare (nervoso). Ma già questo rapporto non è sempre uguale, quindi diversi gradi di attività intellettuale. Bisogna poi riconoscere che in ogni professione non si può mai escludere una certa attività intellettuale e infine che ogni uomo, all'infuori della sua professione, esplica una qualche attività intellettuale, è un filosofo, partecipa di una concezione del mondo e quindi contribuisce a mantenerla, a modificarla, cioè a creare delle nuove concezioni. Si tratta dunque di elaborare questa attività che ha sempre un certo grado di sviluppo, modificando il suo rapporto con lo sforzo muscolare in un nuovo equilibrio.

66 – L'elemento militare in politica

Quando si analizza la serie delle forze sociali che hanno operato nella storia e operano nell'attività politica di un complesso statale, occorre dare un giusto posto all'elemento militare e all'elemento burocratico, ma occorre tener presente che in questa designazione non rientrano puramente gli elementi militari e burocratici in atto, ma gli strati sociali da cui, in quel determinato complesso statale, questi elementi tradizionalmente sono reclutati. Un movimento politico può essere di carattere militare anche se l'esercito come tale non vi ha apertamente partecipato, un governo può essere militare anche se non formato di militari. In determinate situazioni può avvenire che convenga non scoprire l'esercito, non farlo uscire dalla costituzionalità, non portare la politica tra i soldati, come si dice, per mantenere l'omogeneità tra ufficiali e soldati in un terreno di apparente neutralità e superiorità sulle "fazioni". Non bisogna dimenticare che l'esercito riproduce la struttura sociale di uno Stato e che perciò la politica introdotta in esso può riprodurvi i dissensi esterni, disgregando la formazione militare. Tutti questi elementi di osservazione non sono assoluti: essi devono essere "relativizzati" secondo i diversi momenti storici e i diversi Stati.

La prima ricerca è questa: esiste in un determinato paese uno strato sociale diffuso per il quale la carriera militare e burocratica sia un elemento molto importante di vita economica e di affermazione politica (partecipazione effettiva al potere, sia pure indirettamente, per "ricatto")? Nell'Europa moderna questo strato si può identificare nella borghesia rurale media e piccola, più o meno diffusa a seconda dello sviluppo delle forze industriali da una parte e della riforma agraria dall'altra. È evidente che la carriera militare e burocratica non può essere monopolio di questo strato; ma due elementi sono importanti nel determinare una particolare omogeneità ed energia di direttive in questo strato, dandogli un sopravvento politico e una funzione decisiva sull'insieme.

La funzione sociale che compie e la psicologia che è determinata da questa funzione. Questo strato è abituato a comandare direttamente nuclei di uomini sia pure esigui, e a comandare "politicamente", non "economicamente": esso non ha funzioni economiche nel senso moderno della parola; ha un reddito perché ha una "bruta" proprietà del suolo e impedisce al contadino di migliorare la propria esistenza: vive sulla miseria cronica e sul lavoro prolungato del contadino. Ogni minimo accenno di organizzazione del lavoro contadino (organizzazione autonoma) mette in pericolo il suo tenore di vita e la sua posizione sociale. Quindi energia massima nella resistenza e nel contrattacco. Questo strato trova nella sua "inomogeneità" sociale e nella sua dispersione territoriale i suoi limiti: questi elementi spiegano altri fenomeni che gli sono propri: la volubilità, la molteplicità dei sistemi seguiti, la stranezza delle ideologie accettate ecc. La volontà è decisa verso un fine, ma tarda e ha bisogno di un lungo processo per centralizzarsi organizzativamente e politicamente. Il processo si accelera quando la "volontà" specifica di questo strato coincide con una volontà generica o specifica della classe alta: non solo il processo si accelera, ma appare allora la "forza militare" di questo strato, che talvolta detta legge alla classe alta, per ciò che riguarda la soluzione specifica, ossia la "forma" della soluzione. Qui funzionano le leggi altrove osservate dei rapporti città-campagna: la forza della città automaticamente diventa forza della campagna, ma in campagna i conflitti assumono subito forma acuta e personale, per l'assenza di margini economici e per la maggiore "normale" compressione esercitata dall'alto in basso, quindi le reazioni in campagna devono essere più rapide e decise. Questo strato capisce e vede che l'origine dei suoi guai è nelle città, nella forza delle città e perciò capisce di "dover" dettare la soluzione alle classi alte urbane, perché il focolaio sia spento, anche se ciò alle classi alte urbane non converrebbe immediatamente o perché troppo dispendioso o perché pericoloso a lungo andare (queste classi sono più raffinate e vedono cicli ampi di avvenimenti, non solo l'interesse "fisico" immediato). In questo senso deve intendersi la funzione direttiva di questo strato, e non in senso assoluto: tuttavia non è piccola cosa.

Dunque in una serie di paesi influenza dell'elemento militare nella politica non ha solo significato influenza e peso dell'elemento tecnico militare, ma influenza e peso dello strato sociale da cui l'elemento tecnico militare (ufficiali subalterni specialmente) trae specialmente origine. Questo criterio mi pare serva bene ad analizzare l'aspetto più riposto di quella determinata forma politica che si suole chiamare cesarismo o bonapartismo e a distinguerla da altre forme in cui l'elemento tecnico militare predomina, forse in forme ancora più appariscenti ed esclusive.

La Spagna e la Grecia offrono due esempi tipici, con tratti simili e dissimili. Nella Spagna occorre tener conto di alcuni particolari: grandezza del territorio e scarsa densità della popolazione contadina. Tra il nobile latifondista e il contadino non esiste una vasta borghesia rurale: scarsa importanza dell'ufficialità subalterna come forza a sé. I governi militari sono governi di grandi generali. Passività delle masse contadine come cittadinanza e come massa militare. Se nell'esercito si verifica disgregazione è in senso verticale, non orizzontale, per la concorrenza delle cricche dirigenti: le masse dei soldati seguono di solito i rispettivi capi in lotta tra loro. Il governo militare è una parentesi tra due governi costituzionali: l'elemento militare è la riserva permanente dell'"ordine", è una forza politica permanentemente operante "in modo pubblico". Lo stesso avviene in Grecia con la differenza che il territorio greco è sparpagliato anche nelle isole e che una parte della popolazione più energica e attiva è sempre sul mare, ciò che rende ancora più facile l'intrigo e il complotto militare: il contadino greco è passivo come quello spagnolo, ma nel quadro della popolazione totale, il greco più energico e attivo essendo marinaio e quasi sempre lontano da casa sua, dal suo centro politico, la passività generale vuole essere analizzata diversamente e la soluzione del problema politico non può essere la stessa. Ciò che è notevole è che in questi paesi l'esperienza del governo militare non crea una ideologia politica e sociale permanente, come avviene invece nei paesi "cesaristi", per così dire. Le radici sono le stesse: equilibrio delle classi urbane in lotta, che impedisce la "democrazia" normale, il governo parlamentare, ma diversa è l'influenza della campagna in questo equilibrio. In Spagna la campagna, passiva completamente, permette ai generali della nobiltà terriera di servirsi politicamente dell'esercito per ristabilire l'ordine, cioè il sopravvento delle classi alte, dando una coloratura speciale al governo militare di transizione. In altri paesi la campagna non è passiva, ma il suo movimento non è coordinato politicamente a quello urbano: l'esercito deve rimanere neutrale, finché è possibile, per evitarne la disgregazione orizzontale: entra in scena la "classe militare-burocratica", la borghesia rurale, che, con mezzi militari, soffoca il movimento nella campagna (immediatamente più pericoloso), in questa lotta trova una certa unificazione politica e ideologica, trova alleati nella città nelle classi medie (funzione degli studenti di origine rurale nelle città), impone i suoi metodi politici alle classi alte, che devono farle molte concessioni e permettere una determinata legislazione favorevole: insomma riesce a permeare lo Stato dei suoi interessi fino a un certo punto e a sostituire il personale dirigente, continuando a mantenersi armata nel disarmo generale e minacciando continuamente la guerra civile tra i propri armati e l'esercito nazionale, se la classe alta non le dà certe soddisfazioni. Questo fenomeno assume sempre forme individuate storicamente: Cesare rappresenta una combinazione di elementi diversa da quella rappresentata da Napoleone I, questo diversa da quella di Napoleone III, o da quella di Bismarck ecc. Nel mondo moderno, Zivkovic si avvicina al tipo spagnolo (Zankof al cesarismo?) ecc. Queste osservazioni non sono cioè schemi sociologici, sono criteri pratici di interpretazione storica e politica che volta per volta dall'approssimazione schematica devono incorporarsi in una concreta analisi storica-politica.

67 – Grandezza relativa delle potenze

Elementi su cui può calcolarsi la gerarchia di potenza degli Stati: (1) estensione del territorio, (2) forza economica, (3) forza militare, (4) possibilità di imprimere alla loro attività una direzione autonoma, di cui le altre potenze devono subire l'influsso. Il quarto elemento è la conseguenza dei primi tre ed è il modo in cui si esprime appunto l'essere grande potenza. Il terzo elemento è di carattere anch'esso riassuntivo dell'estensione territoriale (con una popolazione relativamente alta) e della forza economica. Nell'elemento territoriale è da considerare la posizione geografica: nella forza economica è da distinguere la capacità industriale e agricola (produzione) dalla forza finanziaria. Un elemento imponderabile è poi la posizione ideologica che una certa potenza occupa nel mondo in quanto rappresenta le forze progressive della storia.

69 – Sui partiti

A un certo punto dello sviluppo storico, le classi si staccano dai loro partiti tradizionali, cioè i partiti tradizionali in quella data forma organizzativa, con quei determinati uomini che li costituiscono o li dirigono, non rappresentano più la loro classe o frazione di classe. È questa la crisi più delicata e pericolosa, perché offre il campo agli uomini provvidenziali o carismatici. Come si forma questa situazione di contrasto tra rappresentati e rappresentanti, che dal terreno delle organizzazioni private (partiti o sindacati) non può non riflettersi nello Stato, rafforzando in modo formidabile il potere della burocrazia (in senso lato: militare e civile)? In ogni paese il processo è diverso, sebbene il contenuto sia lo stesso. La crisi è pericolosa quando essa si diffonde in tutti i partiti, in tutte le classi, quando cioè non avviene, in forma acceleratissima, il passaggio delle truppe di uno o vari partiti in un partito che meglio riassume gli interessi generali. Questo ultimo è un fenomeno organico e normale, anche se il suo ritmo di avveramento sia rapidissimo in confronto ai periodi normali: rappresenta la fusione di una classe sotto una sola direzione per risolvere un problema dominante ed esistenziale. Quando la crisi non trova questa soluzione organica, ma quella dell'uomo provvidenziale, significa che esiste un equilibrio statico, che nessuna classe, né la conservatrice né la progressiva hanno la forza di vincere, ma anche la classe conservatrice ha bisogno di un padrone.

72 – Il nuovo intellettuale

Il tipo tradizionale dell'intellettuale: il letterato, il filosofo, il poeta. Perciò il giornalista volgare, che crede di essere letterato, filosofo, artista, crede di essere il "vero" intellettuale. Nel mondo moderno, l'educazione tecnica, implicitamente legata al lavoro industriale anche più primitivo (manovale), forma la base del "nuovo intellettuale": è su questa base che bisogna lavorare per sviluppare il "nuovo intellettualismo". Questa è stata la linea dell'"Ordine Nuovo" (ricordare lo spunto per il capitolo "Passato e presente"). L'avvocato, l'impiegato, sono il tipo corrente d'intellettuale, che si crede investito di una grande dignità sociale: il suo modo di essere è l'"eloquenza" motrice degli affetti. Nuovo intellettuale-costruttore, organizzatore, "persuasore permanentemente" e pure superiore allo spirito astratto matematico: dalla tecnica-lavoro giunge alla tecnica-scienza e alla concezione "umanistico-storica", senza la quale si rimane "specialista" e non si diventa "dirigente" (specialista della politica).

Mosca: gli intellettuali del risorgimento italiano e la teoria della classe politica

Estratti da *Storia delle dottrine politiche* (1933)[5]

TRONO DI SPADE
HBO SERIE

---

5 Gaetano Mosca, *Storia delle dottrine politiche*, Bari, Laterza 1964, pp. 230-240, 294-305.

§ 34 – Gli scrittori patriottici italiani

Dovendo parlare degli scrittori politici italiani che contribuirono a creare quel movimento intellettuale e morale, che fu la migliore preparazione alla conquista dell'indipendenza e dell'unità dell'Italia, bisogna cominciare col dire poche parole su Gian Domenico Romagnosi il cui nome e le cui opere, se non sono completamente dimenticati, non sono presso le nuove generazioni apprezzati quanto meriterebbero.

Nato nel 1781, morto nel 1835, Romagnosi fu uomo di vastissima cultura. Le sue opere trattano di molti e svariati argomenti, perché agli studi storici, giuridici e politici seppe accoppiare quelli delle scienze fisiche. Per ciò che ha diretta attinenza con la politica la sua opera principale fu la *Scienza delle costituzioni*, scritta intorno al 1815, pubblicata dopo la sua morte nel 1848.

In quest'opera si sente certamente l'influenza del pensiero dell'epoca in cui fu scritta, il che del resto è difficilmente evitabile in un libro di scienza politica, ma nello stesso tempo essa è ricca di vedute profonde e veramente originali.

L'autore mostra prediligere una monarchia temperata, basata sopra un giusto equilibrio delle forze dirigenti che prevalgono nella società. Queste forze sono alcune di ordine materiale, altre di ordine morale ed intellettuale; tali sarebbero tra le prime la ricchezza e la forza militare, fra le seconde l'opinione pubblica e la religione. L'assemblea che avrebbe dovuto limitare il potere regio doveva appunto rappresentare le forze morali e quelle materiali prevalenti in una data epoca ed in una data società. Romagnosi crede che il legislatore non possa a suo arbitrio creare nessuna di queste forze, ma possa bensì sfruttarne l'azione e dirigerne il corso.

Fra queste forze politiche, la religione, la proprietà immobiliare e gli eserciti permanenti sarebbero favorevoli al principio d'autorità; la pubblica opinione, la proprietà mobiliare e le milizie civiche al principio di libertà[6].

---

6 Per comprendere bene quest'ultimo pensiero di Romagnosi bisogna ricordare che dal 1815 al 1848, ed anche fino a qualche decennio dopo, la milizia civica, altrimenti detta *guardia nazionale*, era reputata la tutrice armata della incolumità delle costituzioni liberali, ed appunto per questo la sua istituzione fu sancita in quasi tutti gli Statuti e Carte fondamentali di quell'epoca.

Da quanto si è detto appare che Romagnosi intuì quale fosse il lato debole della teoria della divisione dei poteri di Montesquieu, perché il pensatore italiano, completandola, sosteneva che ogni organo il quale partecipava alla sovranità dovesse avere la sua base in una forza dirigente della società.

È da deplorare che la *Scienza delle costituzioni* non sia stata più presto pubblicata e maggiormente studiata dopo la sua pubblicazione, perché, seguendo la sua traccia, la scienza politica italiana molto cammino avrebbe potuto percorrere durante il secolo XIX.

Azione più efficace di quella di Romagnosi esercitarono senza dubbio sugli italiani dell'epoca del Risorgimento nazionale gli scritti di Vincenzo Gioberti, di Cesare Balbo e soprattutto quelli di Giuseppe Mazzini.

Vincenzo Gioberti, nato a Torino nel 1801, iniziato giovanissimo agli studi filosofici, per desiderio della madre ricevette gli ordini sacri e fu nominato cappellano alla corte del re di Sardegna. Il giovane sacerdote era stato però già guadagnato alle idee liberali e sembra anzi che collaborasse alla Giovane Italia di Mazzini. Avutosi a corte sentore di ciò, venne esonerato dalla carica fino allora occupata; lasciata l'Italia fu per qualche tempo in Francia e poi per parecchi anni a Bruxelles dove insegnò filosofia e nel 1843 pubblicò il suo celebre libro sul *Primato morale e civile degli italiani*. Nel 1845 pubblicò i *Prolegomeni al Primato* e nel 1847 il *Gesuita moderno*. Nelle due ultime pubblicazioni rispondeva piuttosto aspramente ai critici dell'opera pubblicata nel 1843 e specialmente ai gesuiti.

Dopo che Carlo Alberto ebbe promulgato lo Statuto, Gioberti, tornato trionfalmente nella sua patria, fu eletto prima deputato e poi presidente della Camera dei deputati subalpina. Verso la fine dell'anno 1848 e dopo l'armistizio di Salasco ebbe da Carlo Alberto l'incarico di presiedere Il Ministero che si era allora formato, ma si dimise nel febbraio del 1849, stimando pericolosa la ripresa delle ostilità contro l'Austria, che condusse infatti in seguito alla disfatta di Novara. Ripresa la via dolorosa dell'esilio, tornò in Francia dove morì nel 1852, poco dopo aver pubblicato *Il rinnovamento civile d'Italia* che può essere considerato come il suo testamento politico.

Nel *Primato* Gioberti, dopo avere esaltato le passate glorie d'Italia, preconizzava il risorgere dell'unità nazionale italiana sotto forma di una federazione degli Stati italiani di allora, presieduta dal pontefice. All'Italia, che era stata la guida intellettuale e morale del mondo civile durante il periodo della civiltà pagana e durante quello della civiltà cristiana, Gioberti assegnava una nuova missione: risorta e retta a regime liberale, l'Italia sarebbe tornata ancora una volta ad essere il centro intellettuale e morale dell'umanità; una nuova civiltà sarebbe sorta dal suo seno.

Le pagine del *Primato*, scritte in uno stile appassionato e frementi di patriottismo, furono allora avidamente lette dalle classi colte italiane. Negli anni che precedettero immediatamente il 1848 nessun altro libro ebbe un consenso così caloroso come quello del sacerdote piemontese. Tale successo si spiega con la diffusione delle idee liberali e del sentimento nazionale, che però era unito allora in molte coscienze al sentimento religioso e ad un attaccamento, ancora abbastanza vivace, ai piccoli Stati nei quali l'Italia era divisa. Perciò il pensiero di Gioberti, che voleva attuate le riforme costituzionali mediante una concessione spontanea dei prìncipi, e voleva altresì ricostituita l'unità italiana conservando il rispetto alla Chiesa e senza eliminare quasi nessuno dei piccoli Stati, riusciva gradito a tutti coloro, ed erano molti, che avrebbero voluto l'indipendenza dell'Italia e l'inizio dei regimi liberali evitando una rivoluzione violenta.

Il punto debole del *Primato* consisteva nel fatto che in esso non veniva accennato al modo di liberarsi dall'Austria, che occupava il Lombardo-Veneto.

Avvenuta nel 1846 l'elezione di Pio IX, che in principio parve un pontefice liberale e invocò da Dio la benedizione sull'Italia, le idee di Gioberti apparvero profetiche e grandissima divenne la popolarità del loro autore. Vennero poi le disfatte dell'esercito piemontese, e, tranne che negli Stati sardi, nel resto d'Italia i regimi costituzionali furono soppressi. La condotta di Pio IX dimostrò presto l'incompatibilità del programma giobertiano, ossia neoguelfo, con quello liberale e nazionale. Naturalmente i critici ed i disillusi non risparmiarono gli attacchi all'autore del *Primato*, che, esule a Parigi, rispose pubblicando il libro sul *Rinnovamento civile d'Italia*, nel quale metteva in rilievo come tutti i partiti avessero la responsabilità degli insuccessi della causa italiana nel 1848 e 1849. Ma nello stesso tempo riconosceva la necessità di fondere in uno solo tutti i diversi Stati italiani e quindi di abolire il potere temporale del papa. Secondo Gioberti un rinnovamento religioso sarebbe stato la conseguenza necessaria di quest'abolizione.

Un altro scrittore che esercitò una certa influenza sul pensiero degli italiani nell'epoca del Risorgimento fu Cesare Balbo. Piemontese come Gioberti, nato nel 1789 e morto nel 1853, si trovava nel 1821 in Spagna come addetto militare presso la Legazione sarda. Scrisse allora una storia della guerra che gli spagnoli ebbero dal 1808 al 1814 contro Napoleone. Pubblicò in seguito altri lavori storici ed una storia d'Italia. Nel 1844 apparvero *Le speranze d'Italia*, un libro molto letto nel quale l'autore accettava il programma federale di Gioberti. Tuttavia, poiché vedeva che l'ostacolo maggiore all'indipendenza d'Italia era l'Austria, che bisognava respingere di là dalle Alpi, con più senso pratico di Gioberti, propose che la presidenza della confederazione italiana fosse affidata al Piemonte, che fra tutti gli Stati italiani era quello che aveva la migliore organizzazione militare.

Negli ultimi anni della sua vita, Balbo, eletto deputato al Parlamento subalpino, si schierò su posizioni conservatrici e spesso si oppose alla politica di Cavour, specialmente quando questi volle abolire i privilegi degli ecclesiastici.

Maggiore e più duratura celebrità di Balbo ed anche di Gioberti doveva avere Giuseppe Mazzini, sia come scrittore che come uomo d'azione.

Nacque a Genova il 22 giugno del 1805. Pare che il primo impulso a meditare sui problemi politici e sociali l'abbia avuto nel 1821, quando passarono per Genova i profughi piemontesi, reduci dallo sfortunato tentativo di instaurare il governo rappresentativo in Piemonte. I suoi primi scritti furono di genere letterario, ma presto entrò nella Carboneria e subì le prime persecuzioni della polizia. Dopo avere scontato sei mesi di carcere dovette andare nel 1830 in esilio a Marsiglia, dove ebbe certamente dei contatti con i sansimonisti, i quali allora propagavano la loro dottrina per tutta la Francia. Infatti si può affermare che l'influenza del pensiero sansimonista, e specialmente di Pietro Leroux e di Giovanni Reynaud, che per un certo tempo appartennero al sansimonismo, lasciò larghe tracce nella formazione di Mazzini.

Non bisogna però dimenticare che fin dai primi anni della sua attività politica Mazzini unì al suo programma di riforme politiche e sociali quello per la redenzione delle nazionalità divise ed oppresse, fra le quali era allora l'Italia; e ne è una prova la lettera da lui diretta a Carlo Alberto nel 1831, nella quale con nobili parole esortava il re di Sardegna a cacciare gli stranieri di là dalle Alpi.

È difficile riassumere in breve il pensiero mazziniano che comprende tutta una serie d'idee attinenti al campo religioso, a quello politico e sociale ed anche ai rapporti internazionali; tanto più che esso non si presenta mai come un tutto organico, ma si deve rintracciare e coordinare nei numerosi scritti e soprattutto nell'abbondantissimo epistolario dell'autore.

Secondo Mazzini, due sarebbero i mezzi con i quali l'uomo può arrivare alla conoscenza della verità: il primo sarebbe l'intuizione dell'anima umana quando essa è spoglia da cupidigie e passioni volgari ed il secondo il consenso universale sopra alcuni concetti fondamentali.

Questi due metodi conducono lo scrittore ad ammettere l'esistenza di Dio, Padre, Intelletto, Amore, Creatore ed Educatore dell'Umanità. Tentare di negare l'esistenza è follia, tentare di dimostrarla è bestemmia. Dio si manifesta e si estrinseca nella Umanità, nel cui sviluppo Egli ha scritto e scrive in ogni epoca una riga della sua legge.

Il progresso continuo del genere umano è la legge data da Dio alla vita.

Questo progresso si ottiene mercé una serie di rivelazioni successive; di credenza in credenza l'umanità acquista una visione più chiara della propria missione. Quando una religione ha esaurito le sue possibilità di sviluppo s'inizia una nuova epoca con la rivelazione di nuovi dogmi. Essi sono intraveduti prima da qualche precursore, ma conquistano l'anima delle moltitudini quando s'incarnano nella vita di uno o parecchi individui privilegiati per amore e virtù. La nuova rivelazione è preceduta da un periodo di crisi, durante il quale la religione antica decade, ma resta incancellabile la parte di vero che essa contiene.

Le varie fasi religiose attraverso le quali l'umanità è passata sono rappresentate dal feticismo, dal politeismo e dal cristianesimo. Il secolo XIX è appunto per l'umanità uno di quei periodi di crisi che precede una nuova rivelazione religiosa, che innalzerà il livello morale del mondo. Questa rivelazione avverrà in un popolo che sarà maestro a tutti gli altri e sarà divulgata da un gruppo di precursori e di apostoli.

La nuova religione ammetterà l'immortalità dell'anima, ma senza l'eternità delle pene, e, per mezzo di successive reincarnazioni, ogni individuo andrà sempre più innalzando il suo livello morale; essa sarà soprattutto la religione del dovere, praticando la quale ogni individuo contribuirà al progresso morale dell'umanità.

Nella nuova epoca che si va preparando si svilupperà sempre più l'istinto dell'associazione, non vi sarà il comunismo, ma la ricchezza sarà proporzionata all'opera di ciascun individuo ed il capitale non sfrutterà più il lavoro ma sarà con esso associato. È da notare che col progredire dell'età Mazzini ha sempre più accentuato le sue divergenze con il socialismo marxista e l'anarchismo rivoluzionario di Bakunin.

In politica Mazzini era democratico repubblicano, perché egli riteneva che non potesse esistere associazione equa se non fra individui perfettamente uguali tanto nei diritti che nei doveri. Dio sarebbe il vero sovrano ed il popolo il vero interprete della legge divina: il suffragio universale sarebbe il rito secondo il quale il popolo, buono ed infallibile perché ispirato da Dio, affiderebbe la direzione nazionale ai migliori per senno e virtù.

Mazzini, in fondo, sostituiva al diritto divino dei re il diritto divino del popolo. Egli è stato pure accusato di misticismo e di utopismo perché attendeva la rigenerazione dei rapporti economici e di quelli politici da una prossima elevazione morale dell'umanità. Ora, si può legittimamente dubitare dell'esattezza delle sue affermazioni e delle sue previsioni, ma nello stesso tempo non si può negare che esse sono meno assurde di quelle di coloro che hanno fiducia nelle istituzioni comuniste o nell'anarchia reputandole mezzi sicuri per conseguire l'elevazione morale dell'umanità.

Secondo Mazzini le nazioni costituirebbero i vari organi dell'umanità: a ciascuna di esse Dio avrebbe affidato una parte del programma rigeneratore. In Europa egli trovava tredici o quattordici nazionalità che avrebbero dovuto corrispondere ad altrettanti Stati. L'Austria e la Turchia dovevano sparire, perché non basate su alcuna omogeneità nazionale, ma create dalla forza materiale e dalla diplomazia.

L'Italia fra tutte le nazioni avrebbe avuto la missione più alta, quella d'iniziare la nuova epoca e di essere la guida intellettuale e morale dell'Europa e quindi del mondo.

Il pensiero di Mazzini, oltre ad essere uno dei principali fattori del risveglio nazionale italiano all'epoca del Risorgimento, suscitò molte simpatie per la causa italiana in altri paesi europei, soprattutto in

Inghilterra e perfino negli Stati Uniti d'America. Il grande apostolo morì il 10 marzo del 1872. Prima di morire, biasimò con frasi roventi i capi e gli episodi della Comune di Parigi.

§ 40 – La teoria della classe politica

Le due classificazioni tradizionali delle forme di governo sono quelle formulate da Aristotile e da Montesquieu. La prima le divideva in monarchie, aristocrazie e democrazie a seconda che i poteri sovrani fossero concentrati in una sola persona in una classe ristretta, oppure nella totalità dei cittadini. Montesquieu definiva dispotici quei regimi nei quali la volontà dell'unico sovrano non aveva alcun freno nelle consuetudini, nei privilegi locali e di classe e nella legge che egli stesso dettava; monarchici quelli nei quali accanto al monarca funzionavano i freni accennati ed infine definiva repubbliche quelle organizzazioni politiche nelle quali non vi era un capo dello Stato ereditario e la sovranità spettava o ad una parte dei consociati, come avveniva nelle repubbliche aristocratiche, o alla loro totalità come avveniva in quelle democratiche.

Queste classificazioni avevano anzitutto il difetto comune di essere state concepite in base all'osservazione di un solo momento della storia degli organismi politici. Quella di Aristotile infatti era basata sulle condizioni dello Stato-città ellenico dei secoli V e IV prima dell'èra volgare e quella di Montesquieu teneva conto soltanto della organizzazione degli Stati europei contemporanei all'autore; quando a Venezia, a Genova e nella Svizzera non vi era un capo dello Stato ereditario, in Francia funzionava una monarchia solo fino ad un certo punto limitata dalle consuetudini, dalla relativa indipendenza della magistratura e dai privilegi di classe e delle corporazioni; in Turchia vi era un unico despota che, apparentemente, tutto regolava a suo arbitrio. Però s'intravede fra le righe dello *Spirito delle leggi* che il suo autore ritrovava il tipo perfetto della monarchia temperata nel regime che allora vigeva in Inghilterra.

Ma il maggior difetto delle classificazioni accennate sta nella superficialità dei criteri in base ai quali vennero formulate, perché esse tengono conto dei caratteri apparenti anziché di quelli sostanziali per i quali si diversificano i vari organismi politici. Se ci riferiamo infatti alla classificazione di Montesquieu facilmente possiamo constatare che fra la struttura politica di due repubbliche può esservi maggiore differenza di quella che corre fra una di esse ed una data monarchia. Per citare un esempio vi è oggi maggiore differenza tra la repubblica degli Stati Uniti d'America e quella francese di quanta ve ne sia fra questa e la monarchia belga; né occorre ricordare quanto grande sia la differenza fra una repubblica moderna ed una dell'antichità o del Medioevo. E d'altra parte se ci riferiamo alla classificazione aristotelica dobbiamo riconoscere che è impossibile che un solo monarca governi milioni di sudditi senza il sussidio di una gerarchia di funzionari ossia di una classe dirigente, e che è pure impossibile il funzionamento di una democrazia se l'azione delle masse popolari non viene coordinata e diretta da una minoranza organizzata, ossia da un'altra classe dirigente.

Oggi un nuovo metodo di studi politici tende appunto a concentrare l'attenzione dei pensatori sulla formazione e l'organizzazione della classe dirigente che ormai generalmente in Italia appellasi *classe politica*[7].

A dir vero questo metodo non è interamente nuovo perché intuizioni isolate dell'importanza e della necessità di una classe dirigente si possono trovare perfino nell'antichità classica e negli scritti di Machiavelli, di Guicciardini e di Rousseau. Ed anche più se ne trovano in autori del secolo XIX, fra i quali certamente occupa un posto cospicuo Saint-Simon[8]. Ma fu soltanto verso la fine del secolo scorso e durante quello presente che la nuova visione del mondo politico si è andata diffondendo.

Uno dei primi risultati del nuovo metodo fu la nozione di ciò che fin dal 1883 fu denominato *formula politica*[9], cioè la constatazione che in tutti i paesi arrivati ad un grado anche mediocre di cultura la classe politica giustifica il suo potere appoggiandolo ad una credenza o ad un sentimento in quell'epoca ed in quel popolo generalmente accettati. I quali potrebbero essere, secondo i casi, la presunta volontà del popolo o quella di Dio, la coscienza di formare una nazionalità distinta od un popolo eletto, la fedeltà tradizionale ad una dinastia o la fiducia in un individuo dotato di qualità eccezionali.

Naturalmente ogni formula politica deve essere in armonia col grado di maturità intellettuale e morale del popolo e dell'epoca in cui è adottata. Essa perciò deve strettamente corrispondere alla particolare

---

7 L'espressione s'incomincia a trovare anche presso scrittori stranieri insieme con quella di *élite* usata dal Pareto.

8 Vedi G. Mosca, *Elementi di scienza politica*, parte II, cap. I.

9 G. Mosca, *Sulla teorica dei governi e sul governo parlamentare*, Torino, Loescher 1884.

concezione del mondo che in un determinato momento quel popolo ha, e deve costituire il cemento morale fra tutti gli individui che di quel popolo fanno parte.

Sicché, quando una formula politica è, diremo così, oltrepassata, quando è scossa la fede nei princìpi sui quali è poggiata e si intiepidiscono i sentimenti che l'hanno creata, è segno che serie trasformazioni sono imminenti nella classe politica. La Rivoluzione francese avvenne quando la grande maggioranza dei francesi non credeva più al diritto divino dei re e la Rivoluzione russa scoppiò quando la quasi totalità degli intellettuali, e forse anche la maggioranza degli operai e dei contadini russi, non credevano più che lo Czar avesse ricevuto da Dio la missione di governare autocraticamente la santa Russia.

Viceversa, quando una formula politica è in armonia con la mentalità di una data epoca e con i sentimenti più diffusi fra un dato popolo, la sua utilità riesce innegabile, perché molto spesso serve a porre dei limiti all'azione di chi comanda e nobilita in certo modo l'obbedienza non essendo più essa il risultato esclusivo di una coercizione materiale.

Dato che in ogni organismo politico è necessaria l'esistenza ed il funzionamento di una classe dirigente, riesce evidente che lo sforzo di coloro che vogliono studiare i fenomeni politici deve concentrarsi nell'esame dei diversi tipi di organizzazione e di formazione di essa.

Per quel che riguarda l'organizzazione si può affermare che finora è avvenuta secondo tre tipi differenti: il feudale, il burocratico ed un terzo tipo meno diffuso, ma che non si può trascurare data l'eredità intellettuale che esso ha lasciato e l'importanza che in una data epoca ha acquistato. Intendiamo alludere allo Stato-città ellenico ed italico.

Il sistema che per reminiscenze storiche abbiamo chiamato feudale è il più semplice e primitivo, ma nello stesso tempo il meno perfetto perché difficilmente riesce a coordinare stabilmente tutti gli sforzi di un popolo verso un fine unico civile o militare. La caratteristica principale di esso consiste nel fatto che il territorio dello Stato viene diviso in tante parti, in ognuna delle quali il rappresentante del supremo gerarca riunisce nelle proprie mani tutti i poteri sovrani. Così avveniva in Europa nel Medioevo, quando il barone era nello stesso tempo capo militare, giudice e poteva anche imporre taglie e tributi nell'àmbito del suo feudo.

Ciò faceva sì che ogni parte dello Stato poteva mantenere una posizione quasi indipendente di fronte all'organo centrale, ed anche, con una relativa facilità, staccarsi da esso. Sicché nei regimi feudali l'unità dello Stato e la coesione fra le diverse parti potevano essere mantenute integre solo quando l'organo centrale era diretto da un uomo superiore che aveva tanto prestigio e tanta energia da imporsi ai capi locali; oppure quando il sentimento nazionale era così forte da ostacolare grandemente la suddivisione dello Stato, come accadeva nel Giappone prima dello *shogunato* dei *Tokugava*[10].

Il sistema burocratico è caratterizzato dal fatto che le funzioni di governo sono distribuite non secondo il territorio, ma secondo la natura di esse. Perciò la direzione militare viene separata da quella giudiziaria e questa da quella finanziaria ed ogni ramo delle attribuzioni della sovranità viene affidato ad altrettante gerarchie speciali di funzionari, ognuna delle quali riceve il suo impulso dall'organo centrale dello Stato. Essendo le varie attività di governo affidate a persone diverse, diventa più efficace e sicura l'azione del piccolo gruppo che sta a capo di tutta l'organizzazione dello Stato, ed assai difficilmente una parte del territorio riesce a staccarsi dal resto ed a vivere di vita propria.

Gli antichi imperi orientali e gli Stati maomettani conservarono quasi sempre i caratteri dello Stato feudale, ma nell'antico Egitto troviamo alle volte le tracce di una evoluzione verso lo Stato burocratico; come pure una burocratizzazione iniziale, malgrado la grande latitudine di poteri concessa ai governatori locali, si può rinvenire in Cina, durante le epoche migliori della civiltà cinese. Più grande era l'indipendenza dei satrapi, ossia dei governatori locali, nell'antico impero persiano ed è noto come l'eccesso di questa indipendenza sia stata una delle cause precipue della dissoluzione, relativamente rapida, del califfato di Bagdad e dell'impero del Gran Mogol.

Il passaggio dall'organizzazione feudale a quella burocratica suole avvenire assai lentamente: un esempio caratteristico della durata

10 Lo *shogunato* dei *Tokugava* si affermò nei primi anni del secolo XVII; da allora fino al secolo XIX il potere centrale nel Giappone fu abbastanza forte, perché i *Daimios*, ossia i grandi feudatari, erano molto sorvegliati e buona parte del paese, soprattutto i punti strategici di esso, dipendevano direttamente dallo *shogun*.

di questa trasformazione ci è dato dalla Francia, dove la lotta tra la monarchia accentratrice e la feudalità durò, con varie fasi, quasi sette secoli, quanti ne corrono da Ugo Capeto a Luigi XVI. Sebbene più difficilmente gli Stati burocratici possono subire delle disgregazioni e delle dissoluzioni, come avvenne, per l'impero romano d'Occidente nel secolo V dell'èra volgare ed allora la dissoluzione fu più completa e duratura di quella che suole aver luogo nel periodi di decadenza degli Stati feudali. Alla disgregazione dell'organismo politico si accompagna allora una trasformazione delle forze morali ed una decadenza delle forze economiche che prima dirigevano la società.

Abbiamo già accennato alle caratteristiche originali che distinguevano l'antico Stato-città della Grecia e quello italico dagli altri tipi di organizzazione politica, caratteristiche che in parte possono riscontrarsi anche nel Comune medievale che, dopo il Mille, si costituì nell'Europa occidentale. Tanto nell'uno che nell'altro la classe dirigente era, almeno apparentemente, molto larga, perché, data la breve durata delle cariche pubbliche ed il loro avvicendamento, essa comprendeva buona parte della popolazione della città egemonica[11]. Di fatto però, specialmente a Roma, le cariche più importanti erano quasi sempre disimpegnate dai membri di un certo numero di famiglie eminenti, ed in Grecia quando la corrente democratica prevaleva al punto da imporre una eguaglianza assoluta fra tutti i cittadini, ciò avveniva in seguito a lotte civili, ed a spoliazioni dei ricchi che preparavano la formazione di un'oligarchia più stretta che si costituiva attorno al tiranno.

Anche nei Comuni medievali le cariche più importanti erano ordinatamente riservate alle capitudini delle arti maggiori, o, avveniva a Venezia, ad un certo numero di famiglie altolocate, e, dove questa concentrazione del potere in una classe ristretta non ebbe luogo, quasi sempre al Comune si sostituì la Signoria analoga alla tirannide antica.

Non occorre ricordare che tanto nella città-Stato antica che nel Comune medievale riusciva quasi impossibile ingrandire lo Stato senza mutare gli ordinamenti sui quali era basato. Solo la sapienza politica

---

11 Non occorre ricordare che in Grecia dalla cittadinanza erano sempre esclusi gli schiavi, gli stranieri domiciliati e alle volte perfino coloro che non erano figli di un cittadino e di una cittadina. Si sa poi che Aristotile, che non era certo un aristocratico, non avrebbe voluto ammettere alle cariche pubbliche i piccoli commercianti ed i piccoli industriali.

di Roma poté in parte superare questa difficoltà. Ma anche Roma ad un certo punto dovette trasformarsi in uno Stato burocratico, quando il suo dominio si estese a tutte le coste del Mediterraneo. Però può destare maraviglia la constatazione della forza e della resistenza ai disastri che, in proporzione alla sua vastità, questo tipo di organizzazione politica poté in alcune occasioni dimostrare. Si sa infatti che Atene poté mandare circa quarantamila uomini in Sicilia quando intraprese la sua malaugurata spedizione contro Siracusa, e che, malgrado fossero tornati in patria pochissimi di coloro che avevano preso parte alla spedizione, poté resistere ancora per quasi un decennio alla lega del Peloponneso; che Roma malgrado le ingentissime perdite poté vincere la prima e la seconda guerra punica, e che Pisa, la quale non superava nel secolo XIII gli ottantamila abitanti, ebbe cinquemila morti ed undicimila prigionieri alla battaglia della Meloria[12]. E non occorre ricordare il contributo che alle arti, alle lettere ed alle scienze diedero Atene, Firenze e Venezia.

L'influenza intellettuale di questa forma di Stato ha contribuito, insieme con parecchi altri coefficienti, alla creazione ed al mantenimento di quel tipo di organizzazione politica che potrebbe chiamarsi liberale in contrapposto all'altro che potrebbe chiamarsi autocratico. La caratteristica principale del sistema liberale consiste nel fatto che la trasmissione del potere viene fatta dal basso in alto, cioè che i funzionari vengono creati dal suffragio di coloro che dovranno a loro sottostare, mentre viceversa nel sistema autocratico il gerarca supremo nomina i suoi immediati coadiutori, i quali alla loro volta nominano i funzionari subalterni[13].

È noto che erano organizzati secondo il sistema autocratico gli antichi imperi orientali, gli Stati maomettani, l'impero romano, quello di Bisanzio e, con qualche riserva, anche le monarchie dell'Occidente

---

12 Veramente forse la metà delle forze spedite in Sicilia non era composta di cittadini ateniesi, ma, dato che questi non erano più di trentacinque o quaranta mila, lo sforzo compiuto da Atene rimase meraviglioso. Anche una parte di coloro che combatterono a favore di Pisa alla Meloria doveva essere reclutata nella Maremma Toscana, ma questa era allora assai poco popolata e resta quindi notevole lo sforzo compiuto dalla città egemonica, la quale in una precedente battaglia aveva già subito perdite importanti.

13 Il significato, certo un po' convenzionale, che abbiamo ora dato agli aggettivi *liberale* ed *autocratico* è quello stesso che avevamo già adottato negli *Elementi di scienza politica*.

d'Europa dal secolo XVI fino agli inizi del XIX. Viceversa possono essere considerati come appartenenti al tipo liberale, oltre alle città-Stato dell'antichità ed ai Comuni medievali, i governi repubblicani e le monarchie parlamenti, sebbene, a dir vero, in Europa tanto le repubbliche che le monarchie temperate potrebbero essere considerate come tipi misti, perché le burocrazie, che detengono buona parte del potere effettivo, sono quasi sempre reclutate secondo il sistema autocratico.

In generale si può affermare che i regimi autocratici sono più duraturi di quelli organizzati secondo il sistema liberale. Poiché questi ultimi sono organismi delicati che possono funzionare bene solo quando le condizioni dei popoli che li hanno adottati lo permettono ed in epoche di prosperità economica e di grande fioritura intellettuale. Sarebbe ingenuo credere che i regimi liberali, in conformità alla formula politica che li giustifica, si appoggino sul consenso esplicito della maggioranza numerica dei cittadini, perché, come abbiamo altrove dimostrato, nelle elezioni la lotta si svolge fra i diversi gruppi organizzati che possiedono i mezzi capaci di influenzare la massa degli elettori disorganizzati, ai quali non resta che scegliere fra i pochissimi rappresentanti di questi gruppi[14].

Però nella lotta che avviene per captare i suffragi della maggioranza disorganizzata ogni gruppo si sforza di uniformarsi, almeno apparentemente, alle idee ed ai sentimenti in essa prevalenti, e se ciò alle volte permette ai regimi liberali di spiegare una forza straordinaria, dall'altro lato fa sì che la classe dirigente subisca l'influenza degli elementi più numerosi ma meno coscienti dei veri bisogni della società. Ed è appunto per ciò che il maggior pericolo che corrono le istituzioni liberali consiste nella concessione del suffragio agli strati più incolti della popolazione[15].

Ma se è importante lo studio dei diversi tipi di organizzazione della classe politica, ancora più importante è l'esame dei diversi metodi adottati per la sua formazione ossia dei vari criteri secondo i quali essa

14 Vedi in proposito la nostra *Teorica dei governi* e i nostri *Elementi di scienza politica*, già citati.
15 Perciò il Treitschke nella sua *Politica* ebbe a dire che la logica è la peggiore nemica della democrazia. Infatti un regime rappresentativo poggiato sulla formula politica della sovranità popolare, intesa come sovranità del maggior numero, deve finire coll'adottare il suffragio universale, che alla lunga renderà impossibile, o almeno molto difficile, il retto funzionamento di questa forma di governo.

ammette e conserva nel proprio seno un certo numero d'individui e ne tiene lontani molti altri.

Il criterio generalmente prevalente, e quasi indispensabile nella formazione di una classe dirigente, consiste nell'attitudine a dirigere, ossia, come già aveva intuito Saint-Simon, nel possesso di quelle qualità personali che in una data epoca ed in un dato popolo, sono le più adatte alla direzione della società. A ciò si potrebbero aggiungere la volontà di dominio e la coscienza di possedere le qualità accennate, le quali subiscono continui cambiamenti perché continuamente cambiano le condizioni intellettuali: morali, economiche e militari di ogni popolo, ciò che fa sì che anche i suoi ordinamenti politici e amministrativi debbano parallelamente modificarsi.

Queste modificazioni alle volte sono lente, ed in tale caso i nuovi elementi che s'infiltrano nella classe dirigente non ne cambiano rapidamente lo spirito e la compagine alle volte invece sono rapide e tumultuose ed allora la sostituzione degli elementi nuovi ai vecchi può divenire, nel corso di una o due generazioni, quasi completa. Nel primo caso si può affermare che prevale la tendenza che altrove abbiamo chiamato aristocratica, nel secondo l'altra che abbiamo chiamata democratica[16].

È assai difficile, anzi diremmo quasi impossibile, eliminare del tutto l'azione di una delle due tendenze; perché una prevalenza assoluta di quella aristocratica presupporrebbe che il pensiero e le condizioni di vita di una società umana non dovessero mai cambiare, ciò che una lunga esperienza insegna che è assurdo; e d'altra parte una prevalenza assoluta della tendenza democratica potrebbe aver luogo se i figli non ereditassero i mezzi, le relazioni e le cognizioni che hanno servito ai padri per conseguire i posti migliori.

Si è voluta indicare la proprietà privata della terra dei capitali e di tutti gli strumenti di produzione come causa precipua dell'ereditarietà dell'influenza politica. Non si può negare che in questa affermazione vi sia una parte di vero, ma crediamo di avere già dimostrato che se la proprietà di questi strumenti venisse attribuita allo Stato coloro che

---

16 Vedi G. Mosca, *Il principio aristocratico e democratico* nell'«Annuario dell'Università di Torino» dell'anno scolastico 1902-1903, ed *Elementi di scienza politica*, parte II, cap. IV.

amministrano lo Stato, i quali sono sempre una minoranza, cumulando il potere economico e quello politico disporrebbero di larghissimi mezzi per agevolare la carriera dei propri figli ed anche delle persone da loro protette.

Il rinnovamento rapido e quasi completo della classe dirigente, in epoche ormai abbastanza remote, non raramente avveniva in seguito ad una irruzione di popolazioni barbare, che ancora non avevano sedi fisse, le quali si stabilivano nel paese conquistato e vi prendevano il posto degli antichi dominatori. Molto spesso il successo degli invasori era dovuto in gran parte alla discordia ed alla decadenza dell'antica classe politica e quasi sempre alla indifferenza, e qualche volta anche alla connivenza delle plebi del paese invaso[17].

Questi cataclismi politici non furono molto rari negli antichi imperi orientali. Parecchi ne subì la civiltà mesopotamica, ed è vecchia ormai la nozione delle rovine che l'invasione degli hiksos apportò all'antico Egitto. Invasioni dello stesso genere ebbero a subire in epoche diverse la Cina e l'India e non occorre ricordare la caduta dell'impero romano d'Occidente e le invasioni degli arabi e dei turchi.

Col progredire della civiltà le zone abitate da popolazioni barbare e nomadi si sono via via ristrette e quelle abitate da popolazioni dense e stabili, dedite alle industrie ai commerci pacifici e ad una agricoltura intensificata si sono man mano allargate; inoltre l'avanzata civiltà ha fornito mezzi di difesa contro la barbarie assai più efficaci di quelli che erano in uso fino all'epoca di Gengiskan e di Tamerlano. Sicché i cataclismi del genere di quelli che abbiamo accennato sono diventati molto difficili, per non dire impossibili.

Viceversa in epoche recenti e recentissime, dei rinnovamenti rapidi e violenti delle classi dirigenti sono avvenuti per opera di nuove forze

---

17 È noto che da qualche secolo prima della caduta dell'impero d'Occidente e fino alle invasioni dei barbari la Gallia fu travagliata dalla rivolta dei bagaudi e che le bande di questi si reclutavano fra i coloni e gli schiavi. Anche in Africa le rivolte dei circoncellioni precedettero l'invasione dei vandali. Narra Prisco, nella interessante relazione della sua ambasciata ad Attila, che nella corte del sovrano degli unni aveva trovato un greco che era stato fatto prigioniero dai barbari e che poi liberato aveva potuto raggiungere un buon posto nell'esercito degli unni. Egli dichiarò all'ambasciatore bizantino che per un uomo valoroso era molto preferibile vivere fra i barbari anziché star soggetto alle vessazioni ed alle estorsioni continue dei funzionari dell'impero.

politiche che sono sorte nell'interno dei vari paesi e per il dissolvimento di quelle antiche. In altre parole, alle invasioni si sono sostituite le rivoluzioni; e basterà citare in proposito la grande Rivoluzione francese, forse anche quella che ebbe luogo nel Giappone dal 1853 al 1868; e finalmente, più grave di tutte, la Rivoluzione russa[18]. Qualunque poi sia la causa dei cataclismi politici che hanno rinnovato la composizione e gli ordinamenti della classe dirigente, quasi sempre frammenti più o meno numerosi di quella antica sono entrati nella nuova.

Dallo studio obiettivo della storia si può ricavare forse la conseguenza che i regimi migliori, ossia quelli che hanno avuto maggiore durata e che per lungo tempo hanno saputo evitare quelle crisi violente che di tanto in tanto, come avvenne alla caduta dell'impero romano, hanno respinto l'umanità verso la barbarie, sono quelli misti. Quelli cioè nei quali non prevale in modo assoluto né il sistema autocratico né il liberale, e la tendenza aristocratica viene temperata da un rinnovamento lento ma continuo della classe dirigente, che riesce cosi ad assorbire quegli elementi di sano dominio, che man mano si affermano nelle classi dirette. Ma perché un simile regime possa durare, occorre un complesso di circostanze che la sapienza di nessun legislatore può improvvisamente creare. Poiché è necessaria quella molteplicità e quell'equilibrio delle forze dirigenti che solo una civiltà molto avanzata può produrre: cioè che il potere religioso sia separato da quello politico, che la direzione economica non sia captata interamente dai reggitori dello Stato, che le armi non siano esclusivamente in mano di una frazione della società, separata e distinta da tutte le altre, e che la cultura e la preparazione tecnica siano uno dei requisiti che aprono l'adito alla classe dirigente.

18 Pare del resto che le rivoluzioni non fossero ignote anche in epoche antichissime. Secondo documenti tradotti negli ultimi quindici anni anche l'Egitto antico, nel periodo che corse fra l'antico impero menfitico ed il nuovo impero tebano, periodo che va presso a poco dal 2360 al 2160 avanti l'èra volgare, avrebbe traversato un'epoca di anarchia, durante la quale le antiche gerarchie sociali sarebbero state sconvolte. Pare che delle invasioni straniere abbiano contribuito ad accentuare il disordine, che però aveva come causa principale la dissoluzione dell'antica classe governante. È interessante leggere, dopo più di quaranta secoli, le espressioni di rammarico e dolore di coloro che da una posizione elevata erano ridotti in miseria, mentre altri dagli strati più bassi della società erano saliti molto in alto.

E tutto ciò non basta: perché è pure necessario che una educazione lenta a formarsi ed una lunga esperienza siano riuscite a trovare i modi pratici per frenare gli istinti violenti e malvagi che spesso si accompagnano allo spirito di dominio; istinti che tante volte sono riapparsi durante le grandi crisi politiche dopo che un lungo periodo d'ordine e di pace sociale aveva fatto credere agli osservatori superficiali che essi fossero estinti.

Smatassamento. Il controllo delle imprese italiane sta passando di mano

"The Economist", 14 giugno 2014

TRONO DI PEDRO II DEL BRASILE (1831)

Mediobanca è stata fondata nel 1946 con la precisa missione di ricostruire l'industria italiana all'indomani della seconda guerra mondiale. Ne è derivato una rete di partecipazioni incrociate e patti tra azionisti, con al centro la banca d'investimento milanese, che ha permesso a un'élite di controllare per decenni le più grandi aziende del paese. L'intenzione di Mediobanca, annunciata lo scorso anno, di uscire da questi patti per concentrarsi sul suo core business, è apparsa un cambio di rotta fondamentale. Con una decisione analoga di Generali, il più grande gruppo assicurativo italiano, questa rete di relazioni ha iniziato a smagliarsi.

Nel corso di nove mesi Mediobanca ha venduto partecipazioni azionarie per 800 milioni di euro, la metà del suo obiettivo da realizzare in tre anni. Sia Mediobanca che Generali hanno dichiarato di uscire dal patto che controlla Telecom Italia e, alla fine, venderanno le loro azioni. Anche le privatizzazioni stanno cambiando lo scenario. Il governo sta vendendo parte di Fincantieri, uno dei più grandi gruppi cantieristici d'Europa. Poste Italiane, il servizio postale, sarà la dismissione seguente. Molte imprese a capitale privato, con in testa Cerved (una grande azienda di servizi) stanno pianificando un'offerta di azioni. Comincia a prendere forma la "public company" italiana che prenderà il posto delle antiche élite di controllo, con gli investitori stranieri e istituzionali con un peso sempre maggiore.

Dal 2010 la percentuale delle banche italiane in borsa controllate dalle fondazioni è scesa sensibilmente mentre il flottante è salito dal 70% al 77%. In quest'ultima categoria, gli investitori istituzionali, con partecipazioni consistenti, sono quasi raddoppiati all'11,3%. Gli stranieri sono in crescita: negli scorsi 16 mesi hanno investito 18 miliardi di euro in Italia, ben 5 milioni nei primi quattro mesi del 2014. I due maggiori azionisti del Monte dei Paschi di Siena, una banca in difficoltà che fino a poco tempo fa era per un terzo di proprietà di una fondazione locale, sono un asset manager messicano e una compagnia francese di assicurazioni. BlackRock, un colosso americano specializzato nella gestione patrimoniale, è il principale azionista di UniCredit, la più grande banca italiana. Lo scorso anno ha raddoppiato i propri investimenti nela paese e ora è il più grande azionista in Italia dopo il governo.

Questo passaggio inizia a influenzare anche la corporate governance. È aumentata la frequenza delle riunioni degli azionisti e la partecipazione è in crescita. Il voto su una clausola etica mal elaborata presentata dal governo alle imprese a partecipazione statale mostra la differenza determinata dalla presenza di questi nuovi azionisti. Questa clausola, che sembrava scagionare i dirigenti accusati di reati finanziari, è stato respinta da Eni, Finmeccanica e Terna, che hanno molti azionisti istituzionali. Tuttavia Enel, l'ex monopolista dell'energia con meno investitori istituzionali, l'ha approvata.

In fermento sono anche le aziende di piccole dimensioni a conduzione familiare che rappresentano il 66% delle imprese italiane. Tra loro è molto alto l'interesse nei confronti del programma di Borsa italiana per aiutarle nel percorso di un'eventuale quotazione. Molte imprese familiari sono gestite da imprenditori di successo che stanno invecchiando senza che i figli abbiano interesse a subentrare. Altre PMI hanno bisogno di capitale e di competenze esterne per crescere e andare all'estero. Sono in aumento anche gli investimenti di private equity, anche se si parte però da una base esigua. Nel frattempo, gli azionisti di Mediobanca stanno cambiando parecchio: la quota dei partecipanti al patto, che una volta controllava la società, è scesa dal 55% del 2004 al 30% di oggi.

Incroci azionari nelle blue chip italiane

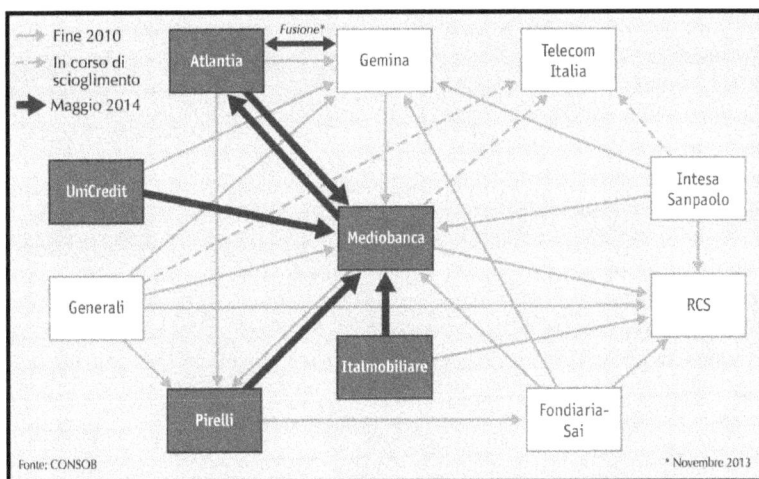

TRONO DI CARLO MAGNO (790)

Indice